JN087707

E L C A N T A R E

エル・カンターレ 人生の疑問・悩みに答える 霊現象・霊障への対処法

RYUHO OKAWA

大川隆法

まえがき

幸福の科学がスタートして二年目から六年目ぐらいまでの、初期講演会・セミナー等での質疑応答集である。本巻では、特に、霊現象・霊障への対処法を中心に編《あ》んでみた。

こんな易《やさ》しい言葉で霊現象や霊障にお答えするということは、実は平易《へいい》なことではない。

私が答えた当時から、三十年近い歳月が過ぎて、今なお無修正で発刊できるということは、内容に普遍性《ふへんせい》があるということであり、本書が霊障問題等への基本的テキストであるということである。

いろいろな霊現象が身の回りで起きたり、霊感が強くなってきている方も多いと思うので、折に触れて本書をひもといて下さることをお願いしたい。
なお本巻で十分に説けていないこととして、信仰心の重要さがある。どうか私を信じてほしい。自分自身が「小さな神」となって、聞く耳を持たない人は、救いがたいものなのだ。

二〇二一年　九月二十八日

幸福《こうふく》の科学《かがく》グループ創始者兼総裁《そうししゃけんそうさい》　大川隆法《おおかわりゅうほう》

エル・カンターレ 人生の疑問・悩みに答える　霊現象・霊障への対処法　目次

第1章　身近な霊《れい》現象をどう見るか

第2章

霊障《れいしょう》から脱出《だっしゅつ》するために

第3章　霊体質の克服《こくふく》

第4章　真理を伝え、人々を救うために

〈特別付録〉正しい信仰生活への誘《いざな》い

222

第1章

身近な霊《れい》現象をどう見るか

1 寝《ね》ている間の夢には三つの意味合いがある

Q1 私はまだ会員ではないのですが、夢のなかにイエス様とか、高級霊《こうきゅうれい》の方々が出てきて、心の修行《しゅぎょう》や生きる指針について教えてくださるのですけれども、どう受け止めたらいいのか戸惑《とまど》っています。本当なのか、惑わしの夢なのか、それとも守護霊《しゅごれい》がそのような姿を取って現れているのでしょうか。

一九八九年 第七回講演会「八正道《はっしょうどう》の再発見」
一九八九年十月八日 香川《かがわ》県・丸亀《まるがめ》市民会館にて

夢のなかに高級霊が出てくるときは、どういう場合がありうるか

はい、分かりました。

夢を見る場合に、三通りあるのです。

一つは、明確に幽体離脱《ゆうたいりだつ》といいますか、肉体から出ていって霊界《れいかい》で体験していることを、そのまま経験として受け止める場合です。これが一つあります。

二番目は、あなたも話されたように、守護霊とか指導霊とかが、意味があっていろいろなビジョンを見せている場合です。これが二番目にあります。

三番目には、自分の思いのなかに、強烈《きょうれつ》にイメージあるいは願いというものがあって、これが夢のなかでビジョン化して展開する場合があるのです。

この三通りがあります。

私はまだ夢のなかに出ないんですか？（笑）　全国各地から、私が夢枕《ゆめまくら》に立ったという話もよく聞くので、そんなに歩いているのかなと思って心配しているのですが、よく夢枕に立つのだそうです。

それで、そういう場合はどういうことかというと、たいていご自身の魂《たましい》が極《きわ》めて求めているのです。求めているものがビジョン化して出てくるのです。出てこられた諸霊には、今聞きますと九次元の諸霊が多いようですが、九次元の諸霊が直接出てきてお話をされるということは「ない」と思っていいと思います。よっぽどのことがないかぎり、それはありません。

ですから、それはおそらく、今、三分類したなかでは最後になるでしょう。あなた自身の魂のなかに、宗教的目覚めを極めて強く求めている部分があるのです。それが映像になって、そういうかたちで出てくるのです。これはたまにあることです。三類目と思います。

お話ししたかぎりでは、悪霊《あくれい》の波動《はどう》は感じなかったものですから、その部分はよろしいのではないかと思います。特に惑わされているというふうには私は思いません。だから、あなた自身の心のなかに強い願いがあって、それがビジョン化しているとと思います。それが他の霊によって、もちろん援助《えんじょ》されることもあるでしょうけれども、今の段階はその段階だと考えます。

あとは、どうぞ会員になられて、もうちょっと真理を勉強してみたらいかがですか。本当に高級諸霊と交われるぐらいの方であるならば、当会に入ってしばらく実践《じっせん》してみるとはっきり分かりますから、そうであるかどうかが。実際やってみたらいいです。あなたの先輩《せんぱい》に当たるような、勉強が先に進んでいる方もいっぱいいるので、そういう方と接して話しているうちに、だいたい分かってくると思います。

最初は、霊的な目覚めの場合、オール・オア・ナッシングになることが極めて多いのです。「すべてか、ゼロか」という考え方が極めて多いのですが、実際には霊的な覚醒《かくせい》にも段階があって、〝順番、順番〞があるのです。それが十分にまだ分かっていないと思います。だから、どうか、もっともっと勉強をしてみてください。それが私からの希望です。

2　インスピレーションの中身を判断する方法

Q2　夢のようなかたちでビジョンが現れたりするのですが、そういうインスピレーションについて、守護霊《しゅごれい》から頂いたものなのか、それとも、そうではない者から来たものなのか、判断に困るときがあります。これを区別するための方法がありましたら、お教えいただければと思います。

支部長集中法研修「『ユートピアの原理』講義」
一九九一年七月二十七日　埼玉《さいたま》県・ホテル・ヘリテイジにて

そのときの自分の心境に応じた「判断の仕方」を

それについては、あまり他力《たりき》に頼《たよ》りすぎたらいけないところがあります。

高級霊の霊言《れいげん》とかを読んでいますと、一定のセンスというか、高級霊たちのセンスみたいなものが身についてきます。ずっと真理を学習しているうちに、そうなるのです。

そして、それが身についてき始めると、だんだん「光と闇《やみ》の感じ」というのははっきりしてくるのです。「これは闇だな。これは光だな」というのが分かるようになるので、平静心があるときだったら、それはたぶん判断ができるでしょうし、その判断は間違《まちが》いがないでしょう。

気をつけなければいけないときは、非常に焦《あせ》っているときや、自分が仕事等で追い詰《つ》められているときです。こういうときはやはり危ないですから、いつも自分の身の回りに、よく話ができるようなお友達等を持っていて、そういう変なときになったらちょっと相談してみて、「私にこんなふうにインスピレーションが降りてくるんだけど、あなたはどう思う？」と訊《き》いてみたらいいのです。

真面目《まじめ》に勉強して、幸福の科学の講師を目指している、あるいは講師になっているような人たちだったら、例えば三人ぐらいに相談してみたら、三人とも揃《そろ》って悪霊《あくれい》の判断を「守護霊の判断だ」と思うようなことはまずありません。三人のうち二人ぐらいは正当に判断すると思うので、「私のこの今の心境は大丈夫《だいじょうぶ》だと思うか」と三人ぐらいに訊いて、二人以上が「大丈夫だ」と言ったら、たぶん大丈夫だと思います。

そういう、自分のことがちょっと信用ならないときには、やはり共に学習している仲間が頼りですね。一緒《いっしょ》にやっている人たちは分かりますから。自分のことでよく分からないのは、利害がものすごく絡《から》んでいるときです。そういうときには分からないので、一緒に勉強している人たちに相談することです。これが学習会等の効力です。

率直《そっちょく》に訊いたらいい。プライドなしでね。資格とかいろいろあるだろうけれども、それとは関係なく、自分が見ていて、「この人は大丈夫だ」と思うような人にちょっと意見を訊いてみて、そしてアドバイスをもらってみれば、だいたい分かる。みんなから「ちょっと危ないんじゃないの?」というふうな声が来たら、それはちょっとやはり止めて、しばらく時間を流してみる。一週間とか一カ月流してみると、「ああ、やっぱりあのときの私はおかしかった」というのが分かることがあります。

こういうふうに、サンガ（僧団《そうだん》）といいましょうか、共に学習する仲間がいるということは、自分が危機にあるときや判断に迷っているときには、非常に頼りになります。そういう意味で、仲間を持っておらず、自分一人で勉強していると、危ないことがあります。「本が出ているから、書店で買えるから、勝手に読んで、やれる」と言う人もいます。「会員にならなくても、本もＣＤ（当時はテープ）もあるから、自分でやれる」と言う人がいるけれども、そういう人はやはり野狐《やこ》禅《ぜん》にどうしても入っていきます。

結局、何の執着《しゅうちゃく》もなく、特に大きな悩《なや》みもないときで、こういう真理を学習していて降りてくるインスピレーションはだいたい信じていいけれども、本当に危ないと思ったときには、ほかの人にも相談してみてください。三人ぐらいに訊けば、だいたい感じが分かる。みんながちょっとブレーキを踏《ふ》むようだったら、少しその判断は止めておいて、しばらく平常性というか、日常生活のほうで自己発揮をするように努力したほうがいいこともあります。

まあ、そういうことになりますけれども、やはり、そのつどそのつどの心境だから一般《いっぱん》的なことでしか言えないけれども、でも最後は、「自己信頼《しんらい》」も持っていなければ駄目《だめ》ですよ。自己信頼です。「ああ、自分というのは、この程度までの点数は取れる人間だ」というか、「八十点なら八十点、九十点なら九十点の判断はできるものだ」という、そういう自分の実力を知っているということも大事です。

この実力を知っていて、こういう問題の場合に自分はどの程度までの判断ができるかを知っていると、安心感があります。何かあったときに、安心感が出てくる。そういう実力感覚をどうか持っていただきたいのです。その「八十点は答えられる」「九十点は答えられる」というのを少しずつ少しずつ上げていくことです。そうすると、だいぶ力がついてきます。まあ、そんなものです。

3 「予知」や「虫の知らせ」はどのような原理で起きるのか

Q3

夢のなかでの「地震《じしん》の予知」や「知人の怪我《けが》などの予知」、また、みなさんもあると思うのですけれども、「虫の知らせ」、それらはどのような原理で起きるのでしょうか。お教えください。

一九九〇年 第十一回大講演会「悟《さと》りに到《いた》る道」
一九九〇年十月七日 新潟県《にいがたけん》・長岡市《ながおかし》厚生会館にて

「この世」と「霊界世界《れいかいせかい》」は、どのような関係にあるのか

これは幸福の科学というよりも、ちょっとテレビの心霊《しんれい》番組などを観《み》られたほ

うが近道かもしれません。私たちはそのへんのところをもうほとんど無視してしまって、どんどんどんどん先へ進めているものですが、意外に原点はそのへんなのです。みなさんが「あの世の世界」とか「宗教」とかに関心を持ち始めるのは、そのへんから持ち始めるのです。

ただ、そのあたりは、ほかにいっぱいやっている人がいるし、ずいぶん特集したり、いろいろなことをしているので、もう私はそのへんは無視して、もっと先の、きれいな霊界《れいかい》の整然としたところを説いているのです。入り口のほうではそんなことがいくらでもあります。

「虫の知らせ」「予知」等、もちろん霊的なものとして感じることはあります。それは、この世で起きることというのは、霊界世界において起きているからです。〝少し前に起きて〟いて、それは、ちょうど映写機のフィルムのようなもので、それを見ると、「次はこんな画面が出る」ということが、ある程度見えるのです。

実際にそれが画像になって出るときは、映写されたときです。この〝スクリーンに映写されたとき〟が、実は三次元に起きたときなのです。

ですから、たいていのことは、霊界世界においては〝少し前に起きて〟いることとして見ることができることが多いのです。

そういう体験を持つときには二つあって、「自分自身の霊能力、霊体験でもってそれを感じるとき」と、「自分以外のものが教えるとき」です。

「虫の知らせ」のようなものは、「亡《な》くなるような人」「亡くなったばかりのような人」が知らせることがよくあります。例えば、実際は、死ぬ二、三日前ぐらいから、もう霊体《れいたい》が抜《ぬ》け始めるのです。肉体から出たり入ったりし始めるのです。

そうすると、ちょっと前から、知人とか友人、肉親とかは分かってくることがよくあるのです。それは、亡くなる前の兆候なのです。そういうときには事前に魂《たましい》が知らせに来たりすることがあるのです。

ああ、〝寒気《さむけ》〟がしてきましたから、ほどほどにしましょうか。今日は暑いのですが〝寒く〟なってきましたから、これはほどほどにしなければいけないでしょう。まあ、そういうことがあるということです。これでやめておきましょう。

4　土地や家による霊的影響《れいてきえいきょう》はあるか

Q4　真理を知り、学ぶ人間が、穢《けが》れた土地や家、例えば墓地やお宮《みや》の隣《となり》など、そういう所にいても、穢れというものは付かないのでしょうか。それとも、学びが時間的に遅《おく》れ、悟《さと》ることが難しくなってくるのでしょうか。お願いいたします。

一九八九年　第三回講演会「多次元宇宙の秘密」
一九八九年五月二十八日　兵庫県・神戸《こうべ》ポートアイランドホールにて

霊域《れいいき》にかかわる際の注意点と、霊域をよくしていく方法

分かりました。二つに分けてお答えいたしたいと思います。

大きな目で見て「魂《たましい》の進化」ということを考えてみた場合には、その土地による特別な影響《えいきょう》というものはないと思います。環境《かんきょう》がよくとも悪くとも、どちらも魂の進歩には役に立つ面はあります。

これがマクロ的見地からいった場合ですね。

もうちょっとミクロの見地、個人的側面の見地からいくと、違《ちが》いはもちろんあります。

例えば、「悟った人であれば、どんな霊的《れいてき》環境下でも快適でいられるか」ということになりますね。それはどうか。

今、こういう新しい会館で講演をしていますが、「墓地のなかで講演会をやっても、みんな気持ちがいいか」ということになると、多少、気持ちは悪い。これは事実ですね。霊域《れいいき》というものは確かにあるのです。霊域というものはあります。

そして、その霊域に影響されない個人の力というのは、ある程度、限定があります。

例えば、健全な人であって、元気であって、心に特に曇《くも》りがない人であれば、身近に悪霊《あくれい》が憑《つ》いたような人、悪霊が二人、三人憑いたような人がいても何とかもちます。

ただ、これが五人、十人、二十人となってきたら、残念ながらもちません。この影響のほうが強すぎます。「朱《しゅ》に交われば赤くなる」と言いますけれども、常時それだけに囲まれると、やはり影響を受け始めます。そして、自分も体の調子が悪くなったり、心が苛立《いらだ》ったりと影響を受けるようになります。

これは、やはり力の問題です。一人の人間としてカバーできる範囲《はんい》というのは、それほど多くはないということです。

あともう一つは、以前、東京の道場でも質疑応答であったのですけれども、現代でも〝悪魔《あくま》の館《やかた》〟のようなものが本当にあるのです。

その人は、二年ほど人に家を貸していた。ところが、貸した相手が失敗だったのです。〝教祖様〟に貸してしまったのです。それで、返ってきたところが、もう家族が病気になり、調子が悪くてしょうがない。

そういう質問であったので、私もそこを調べてみると、もう巣窟《そうくつ》のようになっているのです。その教祖様がいたから、家自体がその悪霊たちの巣のように、社《やしろ》のようになってしまっているので、その人は、「私は幸福の科学の本を読んで、真理のＣＤをかけておけば大丈夫《だいじょうぶ》でしょうか」というふうに言われたのですけれども、「あなたの力ではやはり無理です」というのが私の答えでした。「出たほうがいいです。出なさい。そんなにすごかったら、その家にいたらもう命がもちませんよ」と。

やはり、そういう霊域はあるのです。

ですから、個人の領域としては、「自分でもつ範囲」というものがあります。

一人でもたない場合は、複数ですね。大勢の人がいい。霊域が悪くても、心の調和された人が大勢いれば、その霊域は変わります。ただ、数が少ないと、やはり影響を受けます。そういうふうになるわけですね。

これは小さな話ですが、もっと大きな話をしますと、日本国中で見た場合に、実際は、あちらもこちらも霊域はものすごく悪いです。これをよくするためにはどうするかというと、例えば私一人の力では無理です。駄目《だめ》です。

そうではなくて、やはり光の出ている人が数多く出ることが必要です。あちこちで光の出ている人が数多く出ることによって、その闇《やみ》が消えていくのです。そういうふうになります。

以上の説明で、だいたいお分かりでしょうか。

個人のレベルで見たら、あまり霊的な悪い雰囲気《ふんいき》のある土地や家は避《さ》けたほうがいいのは事実です。

　ただ、マクロのレベルで見れば、どんな環境下であっても、それをバネにして悟ることは可能です。こういう答えです。

5　占《うらな》いに関心がある方へのアドバイス

Q5　易《えき》などは裏側の仙人《せんにん》の世界に通じていると伺《うかが》っていますが、易経《えききょう》そのものはレベルが高いような感じを受けます。その出所《でどころ》とレベルについて、どの程度のものなのか、お教えいただきたいと思います。

一九八九年　第六回講演会「人間完成への道」
一九八九年八月六日　北海道・札幌《さっぽろ》市教育文化会館にて

最大公約数的に人が幸福になる考え方と、そうではない考え方

易経の部分、占《うらな》い、あるいは運命についての部分というのは、当会としてはかなり避《さ》けて通っている面があります。

では、それ自体がそんなにずっと間違《まちが》っているかといったら、そうでもない面があります。

これも、ある意味で先人たちの知恵《ちえ》の結集であり、何とか自分の運命を拓《ひら》き、幸福を手にする方法がないかどうかを考えてきた結集だと思うし、実際、易学等を指導している霊人《れいじん》たちも、自分たちが「愛も慈悲《じひ》もない」と言われたら、怒《おこ》るかもしれません。彼らは彼らなりの幸福論を持っているわけで、人間を幸福にするための方法を構築しているわけですね。そして、いろいろと言っているわけです。方角から始まって、時期だとか、あるいは名前など、いろいろなものを言っているわけですから、そう思ってはいないでしょう。

ただ、これだけは、私は言っておかねばならないと思うのです。

人間を幸福にする方法は、いくらもあると思います。幾《いく》種類もあると思います。

ですから、それを、「これしかない」と限定することはできない。けれども、方法論として、過去、何千年、何万年、いや、それ以上積み重なってきた結果、今、やはり、「最大公約数的に、こういう考え方のほうが人は幸福になる」という考えはあるのです。こういう考え方がある。そして、そういう考え方を教えている霊団《れいだん》のなかに、私も属しています。だから、多数派であり、主流派ですね。この霊団に属しています。

その主流派の考え方はどうかというと、やはり、「人間の幸・不幸を分けていくのは心の持ち方であるし、運命は心の持ち方で拓いていけるものだ」という考えなのです。なぜかというと、そう考えていったほうが魂《たましい》が向上していくからです。進歩する度合いが高いからなのです。

単に名前をいじるとか、あるいは方角をいじるだとか、そういうことをしても、では、本当に魂の目覚めが高まるかといったら、そんなことはないのです。

悪い方向に行った場合にはどうなるかというと、「周りが自分を害する」という思いが出てきて、「こうしたら害されるんじゃないか」というところばかり外していって、「何とか、安全地帯をどこかに確保しよう」というふうな思いになってきます。

この思い自体は、やはり、愛の思いとは違うところがある。「本当に世の中をよくして、他人《たにん》をよくしていこう」という思いと違うところがある。自己保存的なところがありますね。この部分に、やはり多少狭《せま》い部分があるので、今、「裏側」といわれている世界のほうに属しているわけなのです。

これがもっと大きな愛になって開けたらよくなりますが、やはり、何か厄除《やくよ》け的な、魔除《まよ》け的な物事の考え方が多くて、それ自体は「狭い」のです。その「狭さ」が、多数派をつくれない理由であるというふうに思います。

ただ、プラス面を言っておきますと、確かに、人の運命には多少の予想がつく部分があるのは事実なのです。そういう霊界《れいかい》の科学者のような方はいて、そして、人の将来について幾つかの組み立てを見抜《みぬ》いていくことはできるんですね。それは、霊界科学として、多少あることはあります。それは真実です。

ですから、特に惹《ひ》かれるのだったら、そちらに惹かれてもいいのですが、私はあくまでも通説・判例型で、多数が採《と》っているほうを採用したいというふうに思います。

易などに深い関心がある人が気をつけておくべきこと

もし、易とかに深い関心があるのであれば、どうか、それを勉強された場合、他人に適用するときには気をつけていただきたいのです。それをやって地獄《じごく》に堕《お》ちる方もそうとういるのです。

それはどういう人かというと、悪いことばかり言うタイプの人です。これは、実際に易とかで商売をやっている人の大部分がそうです。

他人の運命を見て、悪く言います。「あなた、危ないですよ、危ないですよ。あなた、将来、こういう事故が起きますよ。こういうふうになりますよ」というようなことをよく言って不安の材料にして、商売をしている人がいますが、こういうのは、やはり気をつけないと危ないのです。

いいことを言ってくれる人はごく少ないのです。一割いるかいないかです。そういう人のなかで、もし、温かい心で「人をよくしよう」と本当に思っているなら、それもやはり天上界《てんじょうかい》の思いだとは思いますが、マイナスの想念で人に悪い暗示を与《あた》えるだけなら、それは地獄に行く可能性は非常に強いですよということです。

私も調べてみたことはあります。浅草《あさくさ》のあたりには、占い、易者がズラーッといっぱい並んでいます。だいぶ前に、道場破りではないけれども、一通り回ってみたことがあります。私の運命をどう思うか、全部見てもらったのです。

それで、いろいろなことを言わせましたが、その人にインスピレーションを与えているのが誰《だれ》なのか、何を言っているのかが、私にはみんな分かります。これが分かるのです。「ああ、こいつが言っているな。こう言っているな」というのが、みんな分かります。ずっと見ていて分かるのですが、気持ちがよかったことはありませんでした。

だいたい、両生類、爬虫類《はちゅうるい》のあの感触《かんしょく》に極《きわ》めて似ています。そうした霊たちは、ネトッとした、陰湿《いんしつ》な、冷たい感じがします。カエルを触《さわ》ったような感じなのです。だから、触《ふ》れると、あとが気持ちが悪くてしかたがありません。

これは、地獄霊とはちょっと違います。そうではないんですね。何とも言えない、うらぶれた、雨だれが落ちるような家の〝あの感じ〟なのです。よくないのです。すっきりしていません。そういうふうな魂の傾向性《けいこう》が、易者などにはみんなあるということです。

事実としてだけ知っておいてください。まあ、そのへんです。

6 広告やCMの霊的《れいてき》作用とは

Q6　私は、系統的に、統計的に、まだ真理を勉強できていないところがありますので、お教えいただきたいと思います。

「言霊学《げんれいがく》」というのを聞いたことがあるのですが、その「言霊学」「言葉の霊《れい》力《りょく》の力」ということと、人類の潜在《せんざい》意識の関係を伺《うかが》いたいと思います。

実は、私は、「ギブ・アンド・ギブ」という会社をやっていて、企業《きぎょう》が大きくなったら、テレビ宣伝等を使って「ギブ・アンド・ギブ」という名前、「世のため人のため、そして、自分たちのため」ということの宣伝をしたいと思っているのですが、そうすることによって、少しでも、地獄界《じごくかい》がよくなり、人類意識の光明化《こうみょうか》になるのか、ご指導を承《うけたまわ》りたいと思います。

真理の本で説明して理解した上で人類を変えていくというのが、いちばん正しい着実な道だろうと思いますけれども、新聞等のマスメディアで、「愛情」とか「ギブ・アンド・ギブ」などという言葉を〝意味もなく〟流し続けても、人類の意識は変わるのでしょうか。

一九九〇年　第七回大講演会「勝利の宣言」
一九九〇年七月八日　岩手県・盛岡《もりおか》市アイスアリーナにて

光の天使たちが人々を導くときの最大の方法論の一つとは

最初の質問は、「言霊学《ことだまがく》」、「言霊《げんれい》、言霊《ことだま》と人類の過去史とは関係があるか」ということですが、霊界《れいかい》ものについての本も出回っていますけれども、その程度はさまざまですし、内容もいろいろありまして、混沌《こんとん》としているという状況《じょうきょう》だろうと思います。

ですから、何でもかんでも一緒《いっしょ》にしてはいけないのですけれども、その「言霊学」のほうは、考え方としてはちょっと違《ちが》うのです。光の天使たちが人間を導き、教導するのに、必ず言葉を使います。その言葉には、昔から言霊と言うように、霊力があるのです。「悪い言葉」と「よい言葉」と言いますけれども、必ず波動《はどう》がこもっています。

例えば、悪いほうで言いますと、「恨《うら》み」などというのを言われますと、冗談《じょうだん》半分でもいいですけれども、誰《だれ》かに頼《たの》んで、「私はあなたを恨む」ということを何回か言ってもらったら、もうそれはたまらなくなってくるでしょう。ところが、「私はあなたを愛している」とか「あなたは素晴《すば》らしい人だ」というようなことを言われると、ものすごくうれしくなってきます。これは、言葉自体に非常に力があるということです。

言葉というのは、これは、国によっていろいろと違いがございます。本来は、霊界においては、ある程度のレベルまでは各国語をしゃべっていますけれども、それを越《こ》えて光の天使の世界に入っていきますと、言語の壁《かべ》はほとんどありません。そして、彼らの「思い」というか「理念」だけで意思が通じるようになってきます。

そういう、もともと「思い」であったものが地上に翻訳《ほんやく》されて言葉になっているわけで、それぞれの言葉にやはり波動がこもっていると考えていいわけです。

そこで、その言霊を見ますと、例えば『聖書《せいしょ》』を取ってもそうですけれども、イエスが『聖書』のなかで述べられていること、背景の記述を外して述べられたこと自体を集めてみたら、そんなに量はございません。ほんの数ページか数十ページしかありませんけれども、その言葉自体は非常に力があります。光があります。この光の部分が、人の心のなかに食い込《こ》んできて感動させるのです。

このように、言葉というのは非常に大きな力を持っているわけです。

そして、言葉というのが、言葉および言葉に備わっているところの霊力というのが、天使たちが人々を導くときの最大の方法論の一つであります。これが、宗教家がみな詩人であることの事実そのものであります。

宗教家たちは、みな詩人です。詩的な魂《たましい》を持っています。たとえイエスであろうが、日蓮《にちれん》であろうが、みな詩人であります。そうした言葉の力、言霊の力を持っているということです。

人類の過去・現在・未来の情報が与《あた》えられるレベルの人とは

あと、人類の過去史のことについてはちょっと話は違ってきますが、これは話せば長くなりますから、あまり言えません。

ただ、ある程度以上の領域に住んでいる霊人《れいじん》たちには、人類の過去・現在・未来についての情報が与《あた》えられるので、そうした人にとっては過去の事実も分かるようになってきます。

そうなってくるレベルは、たいていは「如来《にょらい》」以上であって、「菩薩《ぼさつ》」あたりでは、それは、直接にはなかなか分からせてもらえません。やはり、先生がついていて、教えてくれる必要があれば教えてくれ、必要がなければ教えないということになっています。

もっと厳密に言うと、「八次元」という如来界のなかの上段階のほうに、狭義《きょうぎ》の「太陽界」というところがございますけれども、このへんの霊人になってくると、そうした人類史の秘密みたいなものを知ることが許される。知ることが許されて、しゃべることが許されるようになってきています。それより下でしたら、薄々《うすうす》は知っていても、はっきりは言えないということになります。

霊的に目覚めた人はメディアを見てどう感じるか

先ほどの質問では「意味もなく」という言葉をずいぶん控《ひか》え目に言っておられるだろうと思いますけれども、今言ったように、言葉にはもちろん意味がございます。

それで、霊的に目覚めた人が、例えば、テレビとか新聞とかを読むと、普通《ふつう》の人が読んでいるのと違うように感じられるのです。

例えば、ニュース等で、六時のニュース、七時のニュースとありますけれども、残念ながら、私は最後まで全部は観《み》られないのです。観られない。

なぜ観られないかというと、必ず殺人とかそういうのが出てきて、話も出ますし、場面も出てきますけれども、もう心のほうが重苦しくなってきて、どうしても観られないのです。そういうふうになってきます。

言葉でも同じで、いろいろしゃべっていますけれども、その言葉のなかに、非常に波動の悪い言葉をずっとしゃべられると、だんだん聞けなくなってくるのです。

あと、もう一つは、もっと言いますと、テレビなどに出演している人、この人たちに憑依《ひょうい》霊がいっぱい憑《つ》いていますと、もう観られないという段階があるのです。これは政治家などでもよくあるのです。政治家が座談会をやっていることがあるでしょう。そういうものはもう観られなくなってくるのです。ものすごいのが憑いている人の意見は観られない。そういうふうになってきます。

このように、その人の出す言葉があるけれども、あるいは、それで表現されている言葉があるけれども、もとは、やはり、その人自身のなかにあるのです。その心性《しんせい》にあって、たとえ、活字で見たら、別に他人《ひと》には分からないようなことであっても、必ず、その「もとなるもの」とつながっているのです。

メディアはつながってきています。それは、テレビであろうが、新聞であろうが、チラシであろうが、あなた自身の心のなかにある状態とそれとはつながるのです。そして、〝その媒体《ばいたい》〟を取ったときに、〝その媒体〟を経《へ》て受け取った人は、あなたの心とつながってしまうのです。電話みたいにつながってしまう。

根本《こんぽん》は、その（あなたの会社名の）「ギブ・アンド・ギブ」という言葉に意味があるかないかではなく、あなたの心のなかに、「それを意味ある言葉として持っているかどうか」が大事なのです。

これは「ギブ・アンド・ギブ」であっても、それが、あなたが単に「会社の名前として面白《おもしろ》い」とか、あるいは、「人のためにやっているような印象を受けたら、これは儲《もう》かるだろう」とかいうふうに、もし思ってやっているとしたら、それはつながっていても、なぜか入ってこないのです。

しかし、あなたが本心から、これを「人々に与えるためにやっているんだ」ということをずっと思ってやっていたら、その「ギブ・アンド・ギブ」という活字を見たり、あるいは映像を観たときに、心のなかにハッとくるのです。不思議なものです。ハッとくるのです。実際にそれは意味があるわけです。

そういうことで、すべては「出発点」のところに関係があるのです。言葉のところをいくらやっても、出発点が間違っていれば全部駄目《だめ》です。そう思ってください。

ですから、早く勉強して会員になってください。そうすれば、もっと言葉がよくなるでしょう。

7 間違《まちが》った「お祓《はら》い」を受けるとどうなるのか

Q7 私は、最近、不幸事が重なり、他宗でお祓《はら》いを受けました。また、仏壇《ぶつだん》も購入《こうにゅう》し、父の霊《れい》と、私の亡《な》くなった姉の霊とを、今祀《まつ》っています。そして、「他力本願《たりきほんがん》」ですけれども、いろいろ願い事を、朝、唱《とな》えています。私は、今、子供を一人抱《かか》えて生活しておりますので、その願い事が叶《かな》わないと、この先、すごく不安になるのです。

お祓いを受けて、いったい、どこまで、そのお祓いが実際に効くものか、そして、願い事がどのくらいまで叶うものか、お伺《うかが》いしたいと思います。

一九八九年 第二回講演会「悟《さと》りの発見」

一九八九年三月十九日 福岡県《ふくおかけん》・九州厚生年金会館にて

お祓いは効くのか、効かないのか

お祓いといいましても、やはり、それをする人の力によるわけです。全国各地でお祓いはやっていて、それは、ある程度の霊的力《ちから》のある人がやれば効くのですが、ない人がやっても効かないのは当然のことです。そう思いませんか。当然のことなのです。

霊能者であって、神霊《しんれい》の力を引いてこられる人であると、お祓いには、ある程度の力があるのは事実です。それはあります。

あなたに悪霊《あくれい》が憑《つ》いていたとして、私が「出ていきなさい」と一喝《いっかつ》したら、それは出ます。これも一種のお祓いです。しかし、普通《ふつう》の人が、あなたの悪霊に「出ていきなさい」と言っても、「誰《だれ》がきくものか」と言われ、完全に無視されます。なぜなら、（憑依《ひょうい》霊が）いるやら、いないやら、分からないからです。私は、いるか、いないかが分かってしまいますから、出なければ分かり、説教できます。そうすると出ます。

このように、お祓いというものにおいても、実際に力があるかどうかが分からないと、要するに、「騙《だま》されていることも多い」ということです。全国各地でやっているお祓いには、効かないもののほうが多いのは当然のことです。効くのはやはりごく一部で、効かないのが圧倒《あっとう》的であり、それは生活の便宜《べんぎ》のためにやっていることが多いのです。

あなたが死んで霊になったあと、迷っているとして、いいですか。「幣《ぬさ》」か何か知らないが、白いものをバタバタやられ、それで、「はい、そうですか」と言って飛んでいきますか。いかないのです。「何をやっているのだ」と絶対に思います。線香《せんこう》の煙《けむり》がフワーッと立ち昇《のぼ》ったら、それで逃《に》げていきますか。逃げていきはしないのです。「何をバカなことをやっているのだ」と思います。「こちらは体がないんだからな。臭《くさ》くもない」と言っています。

そんなものなのです。ですから、「そのへんが効く相手というのは少ない」ということです。

もちろん、能力を持っている人であれば効きます。ただ、「お祓いの効果というのは一時的なものであることが多い」ということなのです。その時点では、もちろん追い払《はら》うことはできますが、また帰ってくるのです。

例えば、一時的なものが憑いているなら、それを取ってしまえば、それまでのことではあるけれども、長年、自分で持っていた憑依霊、十年も二十年も持っていたようなものだったら、もう〝おなじみさん〟になっていますし、道がついていますから、ちょっとやそっと祓っても、すぐ戻《もど》ってきます。ほかに行き場がないし、いちばん懐《なつ》かしいところなのです。犬小屋のようなもので、スーッと帰ってくるのです。これは祓っても祓っても一緒《いっしょ》です。

ですから、効果が薄《うす》くなるのです。一時的なものであれば、隣《となり》の人を指して、「はい、こっち」と言ったら、パッと行ってしまい、それで終わりですけれども、(期間が)長いのは駄目《だめ》です。

本当の意味でのお祓《はら》いとは何か

では、なぜ、そういうものを呼び寄せるかというと、やはり心に原因があるのです。「憑いているもの」と「憑かれているもの」には、同じところが必ずあります。これはよく似ているのです。どこかで似ているところがあるから、憑いていられるのです。

似ていない人――〝心がピカピカの人〟に、いくら努力して憑こうとしても、頑張《がんば》って一日です。それ以上はもう憑いていられないのです。憑いていると苦しいのです。その人から光が出てくるので、憑いていられなくなるのです。ですから、心を調和している人には、一日以上、影響《えいきょう》を出せないのです。やはり次第《しだい》に離《はな》れていくことになります。

それゆえに、本当の意味でのお祓《はら》いというのは、そういう他力ではなくて、あなた自身が、内から、心から光を出すことなのです。これは難しい道だし、苦難な道なのだけれども、また、百パーセント可能な道でもあるのです。

お祓いといっても、その人に力があるかどうか分からないのですから、騙されていることも多いのですけれども、「自分自身で光を出していく」というのは、すべての人に可能な道なのです。

そして、究極的に心の曇《くも》りや垢《あか》を落とすと、光が、後光《ごこう》というのが出てきます。後頭部から後光というのが出てくると、もうそんなには憑いていられなくなってきますし、いつもチカチカしてまぶしいものですから、離れていきます。

どうしても心の法則というのがあるのです。即効性《そっこう》はないかもしれませんが、長い目で見ると、やはり、そちらからいくのがいちばんいいのです。

先祖供養《くよう》に効果はあるのか

お祓いの話をしたけれども、先祖供養《くよう》でも同じところがあるのです。いかに、神主《かんぬし》さんであろうとも、お坊《ぼう》さんであろうとも、亡くなった方を本当に諭《さと》す能力のない方が、いくら経文《きょうもん》をあげても効かないのです。

ですから、日本のお坊さんの九十九パーセントは、ある意味では……。お坊さんがいたら、ごめんなさいね、言葉は選びますけれども。まあ、〝詐欺罪《さぎざい》〟というのがあります。欺罔《ぎもう》の手段によって金銭的対価を得たことをいうのですが、まさしく、そうなっているのです。明らかにそのとおりです。

全然、通じてもいないし、成仏《じょうぶつ》もしていないのだから、いわゆる「（経文を）読んでいるだけ」です。朗読料ですから。朗読料には適当な値段があるはずで、それを超《こ》えていたら、その部分については問題があると思います。

ところが、同じ経文であっても、意味、内容が分かっている人が、そして、その心から光が出ているような人が読んだら、ある程度、力があります。

幸福の科学には『仏説《ぶっせつ》・正心法語《しょうしんほうご》』とか『祈願文《きがんもん》』とかがありますが、こういうのではなくて、『般若心経《はんにゃしんぎょう》』という昔のお経を私があげても効きます（注1）。

もともと、そのなかに、そういう波動《はどう》があることも事実だけれども、その内容が分かっているからです。「内容が分かっている人が、そして、なぜ成仏しないかを知っている人が、それを教えてやる」ということは、救うことになるのです。

ですから、「経文をあげる人が（内容を）知っている」ということは極《きわ》めて大事なことなのです。本当に、この世とあの世のこと、それから、「なぜ人が救われないか」ということをよく知っていることは前提であり、知らないと、いくらやっても効果は薄いのです。

これが一般的な話です。

幸福の科学の経文《きょうもん》の意義

幸福の科学では、『祈願文①』のなかに「先祖供養」の経文《きょうもん》を入れてあります。

そのなかには、自分が反省するような、反省を促《うなが》すような内容も書いてありますので、読みながら、自分の反省も兼《か》ねてやっていただければいいと思います。

「仏壇そのものは要《い》るか、要らないか」ということですが、いちおう、「先祖の方を供養したい」という気持ちだけは分かります。それは、確かに、「仏壇というものを用意して手を合わせる」という行為《こうい》のなかで表されるからです。この行為のなかにも、確かに、それは愛の行為と

『祈願文①』(宗教法人幸福の科学刊)

『仏説・正心法語』(宗教法人幸福の科学刊)

して入っているのです。（注2）

当会の会員だったら、やはり勉強されて『祈願文』を読まれたらいいし、まだなっていないなら、これから入会されて、やられたらいいと思います。真理を知れば知るほど、供養する力も強くなってきます。

一般的な先祖供養については、「実際に供養ができているかどうか」の調査ができていないものには、やはり信用できないものが多いと、私は言っておきます。

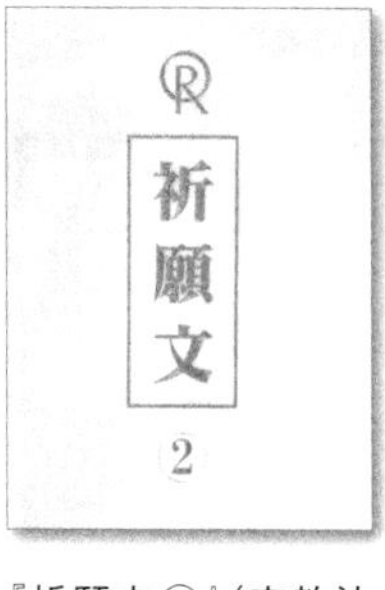

『祈願文②』（宗教法人幸福の科学刊）

（注1）幸福の科学の根本経典《こんぽんきょうてん》『仏説《ぶっせつ》・正心法語《しょうしんほうご》』は、天上界《てんじょうかい》の釈尊《しゃくそん》の啓示《けいじ》によって書かれており、後世の弟子《でし》が編纂《へんさん》した『般若心経《はんにゃしんぎょう》』等の仏典《ぶってん》に比べ、一万倍以上の光の強さや功徳《くどく》がある（本書〈特別付録〉参照）。

（注2）現在、幸福の科学では、信者に対して家庭用の御本尊《ごほんぞん》や供養壇《くようだん》を下賜《かし》しているほか、全国の精舎《しょうじゃ》や支部、来世幸福園《らいせこうふくえん》（霊園《れいえん》）等では先祖供養大祭や法要《ほうよう》等を行《おこな》っている。

第2章

霊障《れいしょう》から脱出《だっしゅつ》するために

1　悪夢を見ないようにするためには

Q1

「睡眠中《すいみん》に霊的《れいてき》エネルギー、霊太陽のエネルギーをもらって霊体《れいたい》が養われている」と教えられておりますけれども、それでは、睡眠中に、悪い夢、地獄《じごく》へ行っているような夢を見ているときには、その霊的エネルギーというのは、どこからどういうふうにやって来るのか、教えてください。

一九九〇年　第十一回大講演会「悟《さと》りに到《いた》る道」
一九九〇年十月七日　新潟県《にいがた》・長岡市《ながおか》厚生会館にて

夜寝《ね》る前にしておくべきこと

悪夢を見るときというのは、起きたら元気になっていますか。元気になっていないでしょう。疲《つか》れているでしょう。ビッショリ汗《あせ》をかいて、ハアハア言っていますね。それは霊的なエネルギーを受けていないのです。

逆に言いますと、そういう悪夢を見るような状況《じょうきょう》というのは、自分の周りに、たいていの場合、地獄霊というのが来ているのです。寝《ね》る前に反省しないで、心をきれいにしないで寝てしまった場合、その一日、悩《なや》み事があったりして、いろいろな悪霊《あくれい》とかを受け、そのまま寝ますと、悪夢を見たりします。悪霊が憑《つ》いていますと、これが悪夢の原因になるのです。たいていの場合、悪霊たちが来ていると言ってよいでしょう。

天国・地獄というのは、「ここから何百メートル上が天国の第一層で、その上を何百メートル行ったら、どこそこ」というものではないのです。至るところに、天国・地獄は全部あるのです。この世的な空間と関係ないのです。その人の今の心の状態に応じて、地獄にもなれば天国にもなるのです。

ですから、魂《たましい》は、フラフラッと抜《ぬ》け、どこかを飛んでいるわけでは実はないのです。その魂のあり方によって、いろいろな世界に実は現にそのままで行っている状態なのです。

悪夢を見ている状態というのは、もう悪霊たちが来ている状態で、結局、逆に地獄へ行っているわけなのです。地獄界に行っているのです。

ですから、よく目を凝《こ》らして見ると、いろいろなものが見えるはずです。怖《こわ》いことがたくさん出てくるはずです。命を奪《うば》われそうな悪夢がたくさん出て、ものすごくリアリティーがあります。「もう最期《さいご》かと思うときに、やっと目が覚めて、助かった」というのがあります。

こんな話をしていると、ちょっと〝寒気《さむけ》〟がしてきましたので、ほどほどにしないと危ないけれども、そういうことなのです。

ですから、そういうときには霊太陽の光を受けていませんから、朝起きても非常に疲れています。そういう状態がずっと続けばどうなるかというと、睡眠不足、ノイローゼになって、やがて、仕事はできない、夜も寝られない、こういうことになって、悪循環《あくじゅんかん》になっていき、病気になったり、精神異常を起こしたりするようになります。

ですから、そういう悪夢を見ないためには、夜寝る前に、きっちりとした反省をしておくことが大事です。

そして、「どうも何か来ているな」と思い、「自分の反省だけでは十分ではない」と思ったら、どうか寝る前に、三十分でもいいですから、私の講演ＣＤ（当時はテープ）等を聴《き》いてください。聴いて寝てください。そうすると、直接的な憑依《ひょうい》のようなのが非常にできにくい状態になりますので、やってください。これは大事なことです。

それから、当会の会員であれば、『仏説《ぶっせつ》・正心法語《しょうしんほうご》』や『祈願文《きがんもん》』等がございますから、これらを重宝《ちょうほう》していただければ幸いです。

2 悪霊《あくれい》に惑《まど》わされないための鍛錬法《たんれんほう》

Q2 師と弟子《でし》との絆《きずな》についてお訊《き》きしたいのですけれども、大川先生の法に触《ふ》れても、離《はな》れていってしまう人もいると聞いております。どうか、大川先生と私たち弟子との結びつきを強めることに対してご指南願います。よろしくお願いします。

一九九〇年　第八回大講演会「永遠の今を生きる」
一九九〇年七月二十九日　愛知県・愛知県体育館にて

悪霊現象を見分けるための方法とは

はっきり言ってしまえば、幸福の科学のなかには、霊的《れいてき》な方もだいぶいることはいるのです。

こうした霊的な方に二種類いまして、高級霊の波動《はどう》のようなものを受けて、非常に感動されてつながっている方と、まったく誤解してつながっている方も一部います。

ご本人は悪霊《あくれい》に非常に憑《つ》かれたかたちになっているにもかかわらず、「自分はもう守護・指導霊の指導を受けていて、本当に主宰《しゅさい》（現・総裁）の言うとおりなんだ。私もそう思っている」なんて思っているけれども、実際は、考えていることと行《おこな》っていることは、私が言っていることと全然違《ちが》うという人も、なかにはいるのです。

こういう方は「霊が好きだ」というだけなのです。「あの世が好き。霊が好き」というだけでやっていて、やはり考え違いをしている方なのです。

特に、この地上というのは、霊界《れいかい》世界のなかでは四次元というところと非常に密接なのです。高次元世界というのは地上と波動が離れていて、高次元の世界に住んでいる霊たちは、そんなにしょっちゅう地上を指導したり、地上に来たりすることはなく、地上に霊的作用を及《およ》ぼしているのは、四次元世界というところが非常に多いわけです。

四次元というところの一部には地獄界《じごくかい》というものがあって、地上は、この地獄界の影響《えいきょう》をかなり受けます。霊的バイブレーションあるいは作用としては、そうした地獄界にいる人の霊作用を受ける方がそうとういるのです。

ですから、霊的なところに興味を持ち、あるいは感応するようになってから、最初はよかったのだけれども、次第《しだい》にそういうものが入ってくるという方が後を絶たないのです。「これはちょっとやむをえない。しかたがないかな」と思う面もあるのですけれども、「それほど厳しいものだな」という感じもあります。

会のなかでも、今、霊現象をやって会員を迷わせている人が出ているようなのですけれども、これなども、やはり困ります。

会員のなかでも、霊現象であれば素晴《すば》らしいと思ってついていく人がいるのです。

やはり、そうではないのです。霊現象のなかでも、やはり高級霊界からの霊現象は尊いけれども、悪霊現象など何の値打ちもないのです。一文《いちもん》も値打ちはないので、そんなものに迷うようであっては困ります。

ですから、会員のみなさんは、正しき心の探究をされ、あるいは真理の書籍《しょせき》を読んで、その波動をよくつかんでおいてほしいのです。そうすると、違った悪霊現象等を受けている人のものを読んだり聞いたりすると頭が痛くなったり、気持ち悪くて読めないのです。それで分かりますから、そういうところではっきりけじめをつけて、「霊的現象だけが尊い」などという考えをどうかしないでください。

この世で霊能者などというのが百人いたら、そのうちの半分、五十パーセントは〝インチキ〟です。〝インチキ〟というのは、能力がないのにあるように言っているのが五十パーセントいます。あとのだいたい四十七、八人ぐらいは悪霊です。悪霊現象なのです。

本当に天上界《てんじょうかい》の霊が指導しているというのは、百人のうち一人か二人ぐらいしかいないのです。それが実数なのです。たいていの場合、違っているのです。

ですから、それに深入りしてはなりません。

霊的作用を受けやすい右脳の人がなすべきこととは

それに惑《まど》わされないようにするためには、どうしたらいいでしょうか。人間の頭は、左半分と右半分とよく言いますけれども、左脳と右脳がありますが、この右のほうの脳の部分が、実は、霊的に見ますと、「感性」と「悟性《ごせい》」というものを司《つかさど》っているのです。「感性」、それから「悟性」「悟《さと》り」ですね。

左のほうは「理性」と「知性」がかかわっています。現実的な仕事能力のようなものは、この理性・知性のほうでやっていることがそうとう多いのです。

こちらの感性・悟性のほうはどうかというと、宗教的な境地とか、あるいは文学的なもの、あるいは美術、こういうものに関係する脳なのです。

たいていの場合、魂的《たましいてき》に平凡《へいぼん》な人であれば、バランスが、小さくなって取れていますけれども、優《すぐ》れた人の場合は二種類に分かれていって、この理性・知性のほう、すなわち現実的な仕事能力の高いタイプと、感性・悟性のほう、宗教的な、芸術的な境地が高い人、この二種類に分かれてくることがあるのです。

そして、この右脳の方、感性と悟性が高い方は、霊的作用を非常に受けやすいのです。このときに、右側のほうに、右脳のほうに非常に傾《かたむ》いている方であると、翻弄《ほんろう》されることがあります。すなわち、偉大《いだい》な芸術家が、常識がなくて狂人《きょうじん》のように見えるように、そういうふうに非常に振幅《しんぷく》の激しい人生を生きることがあります。

そこで、危険であるので、幸福の科学においては、「偉大なる常識人を目指せ」と私は言っていますけれども、左も右も両方ちゃんと鍛《きた》えてほしい。知性・理性のほうを鍛えて、感性・悟性のほうを鍛えるとバランスが取れるのです。そして、お互《たが》いに牽制《けんせい》し合うようになって、チェックが利《き》くようになるのです。

このバランスが大きく崩《くず》れると、ちょっと奇人《きじん》・変人の世界に入っていきます。宗教好きな人でも、この知性・理性が非常に弱い方というのは、いろいろなバイブレーションとか、霊的なそのかしとか、そんなものを受けたら、真に受けてスーッと行ってしまう人がいるのです。非常に危険です。

ですから、この知性・理性のほうを鍛えることが大事で、当会で学習を重視しているのは、実はそこのところに関係があります。学習をして、筋道《すじみち》立ったものの考えができる訓練をしておきますと、霊的な作用があっておかしいことが起きてきても、それをチェックできるのです。自分で弾《はじ》けるのです。「これはおかしい」というのが分かるようになる。

それをするために、まず学習のほうから入っているのです。霊的な現象など、やろうと思えばいくらでも起きてくるのです。しかし、そればかり起きた場合、たいへん危ないことがあるので、まず学習のほうで鍛えているのです。そういうことがある。

「離れる人がいる」というなかには、そういう惑わしを受けている人がそうというます。

この世というのは、そういう天上界と地獄界の境目のようなところですので、やはり〝戦場〟ですから、〝銃弾《じゅうだん》〟が当たる人もいるのはやはりしかたない面がありますけれども、自分がちゃんと知っていれば、真実に目が開《ひら》けていれば迷うことが少ないですから、どうかキチッと心して、正しき心の探究をして、真理に照らして正邪《せいじゃ》を判断するようにしなければいけません。

迷いが出て疑いが出たところに、サーッと悪霊が入ってきて、混乱を起こしていきます。

これは、やはり狙《ねら》われているのです。そういうところもあるのですね。

真理が広がっていきますと、悪霊たちは地上の人間に憑くことができなくなってくるのです。住処《すみか》がなくなってくるのです。それが困るものだから、何とかして混乱させたいということで、局地的にいろいろなことが起きていくことがあります。そういうことがあって、信用をなくしたりさせるのです。そういうことがあります。

ただ、結果を見ると、やはり、日々、勝利していますし、毎年毎年、前進しています。今、真理は勝利のなかにあると、私は感じています。

3　自己卑下《ひげ》から脱《だっ》せられず、何かに取り憑《つ》かれている人へのアドバイス

Q3

私は、小さいころから自己卑下《ひげ》的な性格で、そういう状況《じょうきょう》から脱出《だっしゅつ》できないもどかしさから、三年ほど前に体全身にものすごい力《りき》みをかけてしまった経験があるのですが、そのときに、自己卑下的になっているところに添《そ》って、何か物理的に固いものが取り憑《つ》いて、三年ぐらい苦しんでいます。悪霊《あくれい》にはもちろん取り憑かれていると思いますが、その三年ほど前に取り憑いてきたものは悪霊ではないようなのです。それは、霊的《れいてき》に見て、いったいどういうものなのでしょうか。よろしくお願いします。

一九九〇年　第二回特別講演会「伝道の精神」
一九九〇年九月二日　福岡《ふくおか》県・北九州市立総合体育館にて

なぜ、悪霊《あくれい》は取り憑くことができるのか

七千人の方がいる所での質疑応答ということですので、非常に〝紳士《しんし》的な答え〟になりますけれども、ご理解くださいね。そういうふうになりますが、ご理解ください。

当会の本を読めばお分かりと思いますけれども、「外部からこういうものが取り憑いているからこうだ」ということをあまり長く考えすぎてもよくないのです。

そうではなくて、それは、「一定の法則」があって、そういうふうになってくるものなのです。すなわち、〝来るもの〟というのは、「あなたの心の状態、心のなかで主として指し示しているところを一言《ひとこと》で言えば、こういう状態ですよというもの」といちばん近いものが来ているので、その方向性が似ても似つかないものになったら、外部のものは取り憑けなくなるのです。これは、もうはっきりし

た法則であるのです。

ですから、瞬間的《しゅんかん》にいろいろな光を入れたりして、他力《たりき》的な力でそういうものを取り去るということは可能だけれども、みな自分でできるようになっているのです。自分でやる場合には少し時間がかかるけれども、いったんそれに成功しますと、今後、どういうものが来ても、ちゃんと自分でそれを取れるようになるのです。

「波長同通《はちょうどうつう》の法則」というものがあって、同じ波長のものが来るわけです。すなわち、あなたの心が「天使の心」のようになれば、寄ってくるものは天使なのです。ですから、悪霊《あくれい》が憑けるはずもなく、もし、あなたに霊的な働きをしているとしたら、天使しか来ないわけです。

ところが、あなたが自己卑下的な心でずっといたら、どうでしょう。自己卑下的な天使もなかにはいるかもしれないけれども、一般《いっぱん》的には数が少ないので、そんなには来ないのです。

ですから、そういう自己卑下的な心でいたら、それに惹《ひ》かれて来るものはどういうものであるか。それは、そのときのあなたの心境に合わせたものが来るわけです。たいてい、そういうところに来る霊というのは、自己卑下のまま、失意のままに人生を悶々《もんもん》として終えたような人の霊が来るわけです。そして、それがペッタリと憑く。

「悪霊ではないかもしれないけれども、悪霊かもしれない」という訳《わけ》の分からない質問でしたけれども、いちおう、「悪霊かもしれない」と認定したほうがよいかもしれません。ですから、どうか外の問題と思わないでください。あなた自身の問題ですから、あなた自身の心が明るくなって快活になれば、そんなものはなくなるわけです。

「うららかな春」のような一日を送るには

それで、そのときに、いちばん大事なもの、自己卑下的な方に特に大事なものは「光明思想《こうみょう》」です。これで、一日、二日で自分をコロッと変えることが可能ですから、いつも春のような「春爛漫《はるらんまん》」の心を持つことが大事なのです。

それは、まず「持とう」とすることなのです。「決意すること」から始まるのです。持っても駄目《だめ》だとかいろいろと考えないで、まず「春の陽気な心のようなものを持とう」と決意するのです。そうすると、結果はすぐ出てきます。そして、多少の成功感覚が身についてくると、それが実力として、自分のごく自然な振《ふ》る舞《ま》いとして、やっていけるようになるのです。

そういうふうになるためにはどうするかということですが、まず朝起きたときがいちばん大事です。朝起きたときに、決意することなのです。まず決意して、

「よし、今日はうららかな春のような、春の一日のような一日を送ってみせるぞ。会う人みんなに、さわやかな温かい感じを与《あた》えるような生き方を今日はするぞ」と、そう誓《ちか》って家を出るのです。このときに、出る前に鏡でも見て、笑顔をつくって、笑顔をつくる練習をしてから出るぐらいの心掛《こころが》けがあってもよいでしょう。これを何日か、一週間ぐらい続けますと、それがだんだん普通《ふつう》になってきます。

また、それを継続《けいぞく》するための方法として、当会の書籍《しょせき》のなかに、理論書で『成功の法』『常勝《じょうしょう》思考』などが出ていますから、こういうものを、その間、毎日読み続けることです。それを一週間、二週間と続けていますと変わってきます。他人《たにん》の評価も変わってきます。

自己卑下が生じる原因は、たいてい、他人の評価が低

『成功の法』(幸福の科学出版刊)

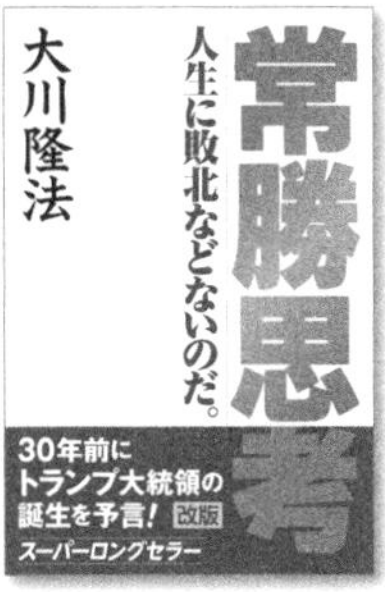

『常勝思考』(幸福の科学出版刊)

いということに対して非常にナイーブになっていることが多いのですが、そういうふうに、「自分を変えると他人が変わってくる。他人が変わることによって自分もまた変わる」ということで、よい方向への循環《じゅんかん》が始まってくるのです。これが一定の期間続けば、あなたの実力になってきて、自分でそうしようと思えば、そうできるようになってきます。

これは必ず可能ですから、やってみてください。まず決意することから始めてください。「何が憑いているか」とかは気にしないでよいのです。気にすること自体が、もう光明思想から離《はな》れてきていますから、まず気にしないで、「今日から新しい一日を始める」という気持ちでやってください。

4　重度の霊障《れいしょう》から脱却《だっきゃく》するには

Q4

実は現在、私自身がかなり重い霊障《れいしょう》です。以前、真理に背《そむ》いた生き方をしてきましたし、そのことに関しては反省もいたしましたが、現在も生活に困難があります。

そこで、大川先生に見ていただいて、いかなる霊障にかかっているかを教えていただき、今後の私の人生進路をお教え願いたいと思っております。どうかよろしくお願いいたします。

九州連続セミナー「人を愛し、人を生かし、人を許せ」
一九八九年九月九日　福岡《ふくおか》県・宗像《むなかた》ユリックスにて

「人生は一冊の問題集」がその答え

あなたにおあつらえ向きの答えがあるのです。それは「人生は一冊の問題集である」という答えなのです。

確かに、答えをすぐもらうということは簡単なことかもしれないが、それでその日は解決がついたかもしれないが、明日《あした》はまた違《ちが》った問題が出てきます。それについての答えはまたありません。その翌日もまったく同じです。

そこで、霊障かどうかというようなことを考える必要はないと、私は思います。

それは、当会の教えを学んだならば、原因ははっきり書いてあるからです。「波長同通《はちょうどうつう》の法則」というものがありますね。「来るものと来られるものとは同通している」ということをはっきり言っています。

何が来ているかは関係ないのです。あなた自身の心とまったく同じものが呼び寄せられているのですから、敵は外にないのです。自分自身のなかに、内にあるのです。霊障なんか関係ないのです。悪霊《あくれい》が来ているとすれば、そのなかにそれを呼び込《こ》むものがあるのです。それが何であるかを発見することが大事なのです。それがなくなったときに来なくなるのです。

だから、悪霊祓《ばら》いを考える必要はないのです。「自分のなかの問題を解決するのみ」なのです。いいですか？

自分自身のなかを見て、今私たちが出しているこの真理の書に照らしてみて、いったい何が違っているか。それは、やはり自分で発見しなければ嘘《うそ》です。それをしなければ、そこで格闘《かくとう》しなければ、決してそういう霊障のようなものはなくならないのです。

あなたは質問するだけの勇気がある方なのだから、それは自分自身で必ず分かるはずです。それを問い詰《つ》めてください。

過去のことを反省されたとするならば、「自分がいちばん多く間違ってきたことは何であったか」ぐらいは、自分自身がいちばん知っているはずです。その部分と闘《たたか》わないかぎり、決して勝てないのです。「外にない」ということです。「自分のなかにある」ということなのです。

だから、それをまずつかむこと、知ったら変えていくことです。

もし、過去やったことは取り返しがつかないならば、今後の行為《こうい》のなかで変えていく以外ありません。そうです。

私も同じようなことは格闘してきています。別に誰《だれ》にも教えてもらっていない、指摘《してき》もされていない。

一つの例を取って言うならば、もう十年以上昔、非常に不幸感覚が強かったものですから、どうしても他人《たにん》のことをよく言えない気持ちがあったのです。劣等《れっとう》感に悩《なや》んでいた。

劣等感に悩んでいる人の特徴《とくちょう》は、人のことをほめられないということです。絶対にほめられないのです。ほめるときには、「ヨイショ落とし」以外ありません。それ以外でほめられないのです。そういう人は、やはり他人のことを必ず悪く言うようになってきます。

自分自身、そういう性格を知って、「これはもう、何とかして格闘する以外にない」と思って、「ある程度、自分のその暴《あば》れ馬のような心をねじ伏《ふ》せるようにできてきた」と感じるまでに五年かかりました。「まだときどき暴れるけれども、何とか手綱《たづな》を取っていけば馬から落ちないというところまで行ける」というところまで来るのに、だいたい五年かかった。

そんなものなのです。そんなに簡単ではないんですよ。一瞬《いっしゅん》では決して直らない。一瞬思っただけでは直りません。

だから、自分のいちばんの欠点と思ったら、「これを、努力して、年数をかけて改善していくぞ」ということです。これを心掛《こころが》けてください。

それと、もう一つは、大人の男性の場合、まあ、女性も多少入りますけれども、実は悩みというものの七割ぐらいは経済的問題から来ていることが多いのです。これは真実です。

心のことばかり探究している人は意外に気がつかないのです。これが盲点《もうてん》なのです。経済的問題から来ている悩みがかなりあります。この経済に結びついているものとして、もちろん仕事の出来具合とか、出世とか、その他いろいろなものが派生してきますが、根本《こんぽん》はここのところにあることがあります。それからまた家庭問題が起きたり、いろいろなものが派生しています。

もし、そうであるならば、私はそうかどうかは知りませんが、もし、あなたがそうであるならば、やはり、これは、上から「助け」は降ってこないのです。札束《さつたば》は降ってこないのです。そういう場合、竹薮《たけやぶ》を探す以外に手はありません（会

郵便はがき

料金受取人払郵便

赤坂局承認

8335

差出有効期間
2024年9月
30日まで
(切手不要)

107-8790

112

東京都港区赤坂2丁目10−8
幸福の科学出版(株)
読者アンケート係 行

ご購読ありがとうございました。
お手数ですが、今回ご購読いただいた書籍名をご記入ください。

書籍名

フリガナ お名前	男・女	歳
ご住所 〒 都道府県		
お電話( ) −		
e-mail アドレス		
新刊案内等をお送りしてもよろしいですか? [はい(DM・メール)・ いいえ]		
ご職業 ①会社員 ②経営者・役員 ③自営業 ④公務員 ⑤教員・研究者 ⑥主婦 ⑦学生 ⑧パート・アルバイト ⑨定年退職 ⑩他( )		

プレゼント＆読者アンケート

皆様のご感想をお待ちしております。本ハガキ、もしくは、
右記の二次元コードよりお答えいただいた方に、抽選で
幸福の科学出版の書籍・雑誌をプレゼント致します。
（発表は発送をもってかえさせていただきます。）

1 本書をどのようにお知りになりましたか？

2 本書をお読みになったご感想を、ご自由にお書きください。

3 今後読みたいテーマなどがありましたら、お書きください。

ご感想を匿名にて広告等に掲載させていただくことがございます。
ご記入いただきました個人情報については、同意なく他の目的で使用することはございません。

ご協力ありがとうございました！

場笑）。〝降ってこない〟ので、やはり、それは自力でもって、その「経済力を高めるための方法」を自分で頑張《がんば》る以外にないのです。

今の仕事で十分でなければ、それを補うものを探すか、転職するか、どちらかしかありません。それは勇気を持って闘うことです。それによって、かなりの悩みは解決していくことがあります。

不十分な言い方かもしれないけれども、求める姿勢がちょっと甘《あま》いと思うので、あえて、こういう言い方をさせていただきました。

5　感情の起伏《きふく》の激しい姑《しゅうとめ》との接し方

Q5

姑《しゅうとめ》のことで悩《なや》んでいます。姑は六十二歳《さい》になるのですが、感情の起伏《きふく》の激しい方で、こちらに敵意がなくても、向こうの怒《いか》りを受けると金縛《かなしば》りに遭《あ》ったように、思うように足が動かなくなったり、言葉が出なくなったりします。これから仲良くしていくために、お祈《いの》りなど何かいい方法がありましたらお教えください。主人はお寺の長男で、私たちの結婚《けっこん》のときには、姑は家柄《いえがら》を気にしていたようです。

第二回主婦セミナー

一九八九年五月十七日　東京都・幸福の科学研修ホール（西荻窪《にしおぎくぼ》）にて

「感情の起伏《きふく》」と「憑依《ひょうい》」と「健康」の関係性

お寺ですか。はい、だいたい分かりました。しゃべっているうちに、だんだん自分で分かってくることもあるんですよね。

感じますね、霊《れい》が。霊を感じます。強烈《きょうれつ》に感じます。お寺と聞いて、もう確信を深めました。ほぼ間違《まちが》いないと思います。

そういう霊域《れいいき》というのは、やはりあります。私なんかでも、はっきり言って墓地のなかとかは住みたくないですね。別に、心が丸くて光っていればいいと思うかもしれないけれども、隣《となり》近所になると付き合いができるのです。基本的に、隣近所になると付き合いができる。やはり、かかわらないのがいちばんであるのは事実です。そういう所にいる以上、ちょっとした隙《すき》でも狙《ねら》われるということは事実です。

今回の場合は、そのお義母《かあ》さん……、まあ、二、三人感じますね。三つぐらいいるでしょうか。三人ぐらい感じます。私の感じでは、三人ぐらい来ているかなという感じがするのですけれども、まあ、憑《つ》いているでしょう。まず間違いない。

そして、幸福の科学の理論はすべて、そういうことのためにある理論です。「どうしたらいいか」となったときのために編まれた理論集、理論群なのです。

ですから、相手が攻撃《こうげき》的に言ってきたり、あなたを批判したり、ワアワア言ったりしても、それはお義母さんが言っていると思ってはいけない。それは憑いているものが言っていると思わなければいけない。これでも、まずワンクッションありますからね。まずは、「憑いているものが言っている。お義母さんに入って言っているんだ」と思わなければいけない。

だから、その方もかわいそうな人だ。何とかしてあげなければいけない。感情の起伏《きふく》がある。

この感情の起伏がある場合、特にお年寄りの場合、原因は体が弱っていることであることが非常に多いのです。本来、そんなに悪いことをしたことのない人で、心にそんなに曇《くも》りがあるはずでもないと思うのに、感情の起伏がやたら激しく、憑依《ひょうい》されていると推定される場合は、体が弱っていることが多いのです。病気がどこかにあるか、あるいは非常に疲《つか》れやすいか何かです。特に足が弱りやすいのが一つですけれども、そういうことがあります。

したがって、健康になってもらうことが大事です。健康になってもらうだけで、基本的には悪霊祓《あくりょうばら》いができるのです。まず健康でなければ駄目《だめ》ですから、そこのところが大事です。

それゆえに、あなたのお義母さんに健康になってもらうということを、まず念頭に置いてください。その六十二歳の方に、どうしたら健康になってもらえるかを、念頭に置くことです。食べ物もあるでしょうし、あるいは一日のいろいろな仕事もあるでしょうし、それ以外の運動とか、さまざまにあるでしょうけれども、「どうしたら健康になってもらえるか」ということを、いつも念頭に置いてください。これは第一歩です。

健康になってくると、機嫌《きげん》がよくなってきます。機嫌がよいと、その間は憑依霊は憑きにくいのです。憑きにくくなるんですね。ところが、弱っていると、どうしても駄目です。疲れていると、どうしてもそれを祓えないのです。取れないんですね。

ですから、いつも朝の目覚めがいいような、そういう健康状態に持ってくるように、あなたはまず考えてあげることです。これが第一点になります。

悪霊《あくれい》と戦うために実践《じっせん》すべきこととは

それと、悪霊《あくれい》がいっぱい憑いて〝ワアワア言っている〟と思うとき、言い返したりしても、もう無理ですから、そのときは毒を食わないように、できるだけ聞き流してください。そのことは忘れることです。「一時的に言っているんだ」「憑いているものが言っている」と思えばいいのです。

そして、見ていて「いちばん機嫌のいいとき」を狙うのです。お義母さんの「いちばん機嫌のいいとき」を狙う。日向《ひなた》ぼっこをして気持ちのよさそうなときなどを狙う。そういうときに、何かあなたが心配り、気配りをしてあげて、そして、胸の奥《おく》までグーッとくる優《やさ》しい言葉をかけてあげる。そのときを狙います。あとは、細《こま》かい気配りをずっとしてあげることです。

たいてい、悪霊というのは、不平不満、愚痴《ぐち》の塊《かたまり》です。ですから、憑かれている人もだいたい一緒《いっしょ》になっています。不平不満、愚痴です。

でも、彼らにも優しさは分かります、優しさはね。だから、努力して、その優しさというものを具体的に示してあげることです。

そんなに大きな優しさをポンと出さなくていいから、小さいところで小技《こわざ》を効かせてください。小さな優しさで結構です。いたわりで結構です。お義母さんが出かけるときに、一声《ひとこえ》かけてあげるのもそうだし、帰ってきたときに、「お茶でもどうですか」とか、「お風呂《ふろ》、先に入りますか」とか、いろいろ何でもあるでしょうけれども、そういう気配りをする。こういう細かな優しさですね。

悪霊は「優しさ」にいちばん弱いのです。意外に、悪霊と戦うのはパワーではないのです。「優しさ」です。優しい態度に接すると弱いのです。それはナメクジみたいなもので、塩をかけられたような感じで溶《と》けていきます。そういう感じなのです。

「常に優しい言葉をかける」と思って、こういう〝処方箋《しょほうせん》〟が出たのだから、そうだと思って実践《じっせん》することです。

それともう一つは、やはり結婚のときに、向こうのお義母さんのほうが「わが家《や》の家風に合わん」と思っているということはあると思います。

その場合に、考え方は二通りあります。「何を言うか。引っ込《こ》め」という考えが一つあるだろうし、「ああ、それにもかかわらず置いていただいてありがとうございます」という考え方もあるだろうと思います。そして、できたら、後者の考え方を取るようにして、「置いていただいてありがとうございます」という気持ちでやられたらいいのです。

あとは「持久戦《じきゅう》」ですね。やがては亡《な》くなっていくでしょうから、持久戦です。

ただ、そのときに怖《こわ》いのは、生きているうちにあなたが孝行しておかないと、向こうは亡くなったら、そのあとどうなるか分かりますか。どこへ来ると思いますか。どこへ来ますか。あなた以外にあろうはずがない。あなたは腰《こし》が立たなくなったり、足が立たなくなったりしますよ。リウマチとか喘息《ぜんそく》になったり、肩《かた》が凝《こ》ったり、頭がいつも痛くなったりしますので、将来そうなる前に、なるべく今のうちに、その原因を断《た》っておくことです。幸福な気持ちで地上を去っていただけるように努力してください。

考えようによっては、現に真理の実践の場があるのです。相手が変われば成功なのです。いろいろな方法を説いてありますから、どうか工夫《くふう》してやってみてください。『正心法語《しょうしんほうご》』だって『祈願文《きがんもん》』だって、もちろん効くと思いますが、嫌《いや》がらずに、根気よく、勉強の材料と思って接してください。原因はそういうことだと思います。

6　憑依霊《ひょういれい》を剝《は》がすための真理の学び方

Q6

ある方が、お友達二人に、大川先生のご講演等のＣＤ（当時はテープ）を勧《すす》めたのですが、一人の方は、「聴《き》くと手がしびれて、痛くて、とても聴いていられないから、止《と》めてくれ」と言われ、もう一人の方は、「ちょっと聴いただけで、すごい苦しい。頼《たの》むからやめてくれ」と言われたそうです。

今後、その人たちに対して、どういうふうに勧めたらいいのでしょうか。

一九九〇年 第七回大講演会「勝利の宣言」
一九九〇年七月八日　岩手県・盛岡《もりおか》市アイスアリーナにて

講演CDを聴《き》いていて苦しくなったりする原因

私のCDを聴《き》いて手が震《ふる》えてくるというのは、憑《ひょう》依《い》霊《れい》のせいなのです。動物霊のなかの蛇《へび》の霊というのが憑《つ》いている場合、たいていそうなり、手とか足とか首とか、このへんに来ます。

その方は憑依されているのです。霊現象が起きてくるのです。霊道《れいどう》を開いているわけではないのですけれども、長い間ずっと憑依されていますと、非常に霊体質に近くなっていますので、感じるのです。普《ふ》通《つう》の人以上に感応し始めます。ですから、そういうのは一発で分かります。

もう一人の、「体が重くて重くてしょうがない」という方には、人間霊が何体か憑いているはずです。ですから、CDを本人が聴いていると、憑いているものたちも一緒《いっしょ》に聴いてしまうのです。意識が通じていますから、一緒に聴いて苦しくなるのです。そういう状態です。

ＣＤは特にきついといいますか、波動《はどう》がストレートなので、憑依霊たちは、そうとうこたえるのです。活字の三倍ぐらいのこたえ方をするのです。そうとうきついのです。

もし、その憑依がものすごく強度なものであったら、完全に取れてしまうか、その人がもう本当に狂《くる》ったようになって暴《あば》れるか、どちらかになってしまいます。

ですから、あまり反応が激しすぎる場合には、少し見合わせて、まず書籍《しょせき》ぐらいから入っていくほうがいいと思います。書籍ですと、活字になっていまして、講演のＣＤに比べて波動は三分の一ぐらいに落ちています。少し感じますけれども、激しく暴れるところまではなかなか行きませんので、書籍ぐらいで少しずつ入っていき、心のあり方を少しずつ少しずつ変えていきます。

そうすると、付いている薄《うす》い曇《くも》りが剝《は》がれていくのです。少しずつ剝がれていきます。そうしたあとでＣＤを聴きますと、だいぶスッと入ってきて、軽い憑依ぐらいになっていますと、ポロッと取れてしまいます。こういうふうになっていきます。

長く憑《つ》いている憑依霊への対処方法

例えば、精神科医の方でありますと、精神病棟《びょうとう》へ行って私のＣＤをかけたら、どうなるでしょうか。実験は勧めませんけれども、おそらく大変なことになるだろうと思います。それほど激しく反応をするのです。

ですから、事実認識はもうはっきりしていますので、あとは対処方法だけということになります。

事実は今言ったとおりですから、その人たちのどこに問題がありそうか、見たら分かるはずなのです。そのお友達には、何か心に誤りがあると思うので、そういうところを教えてあげるなり、あるいは、私の本のなかで、心の持ち方について書いてあるような、ちょうど適切な本があったら、そういうものを勧めてあげることが大事です。

何事も根気が大事なのです。そうした憑依状態には、一朝一夕《いっちょういっせき》でなったわけではないのです。過去、数年、あるいは十年、二十年かけて、次第《しだい》しだいに心のなかに曇りをつくって、同通するものが来ているのです。何年も長くいる場合には、もう自分自身が本人の守護霊《しゅごれい》のような気持ちになって憑依しているものもおります。こうしたものはなかなか大変です。

「慣性の法則」といいますけれども、電車はブレーキを踏《ふ》んでも急には止まれません。自転車も急に止まれません。車もそうです。人間が走っていても急には止まりません。

同じように、急に止まろうとすると、〝脱線《だっせん》〟したり倒《たお》れてしまったりします。

そういうふうに、過去にやってきた「マイナスの思いと行動の総量」だけのプラスを出さないかぎり、完全に〝帳消し〟にはならないのです。ですから、一時期に、非常に強い強度の真理だけで短時間でやろうとしたら、大変なことになるわけで、少し時間をかけて慣らしていくことがいいのではないかと思います。

ＣＤだけではなくて、講演会でも一緒なのです。このなかにも少しいるかもしれませんけれども、講演会に来るときに、怖《こわ》くて来られない方、門や入り口をくぐれない方がいらっしゃいます。また、講演を聴き終わったあとに、ものすごい状態に返る方も一部いらっしゃいます。

ただ、今言ったように、理由ははっきりしております。救急病院ではないので、私はいちいちできませんけれども、理由ははっきりしていますので、自分で戦ってください。

根気強くやることなのです。あくまでも霊作用はかかっているとしても、彼らは外の者です。私たちの肉体のなかに入っている魂《たましい》こそが本物で、魂と肉体は霊子線《れいしせん》というのでつながっていて、（魂は肉体に）ビシッと入っていますから、これをどけて完全に支配することは、そうとう難しいことで、できないのです。

相手も霊だけれども、自分も霊で、これがいちばんなのですから、根本《こんぽん》は自分のほうが強いのです。自分がしっかりしていれば、絶対に負けないのですから、自分を信じ、そして真理を学んで、少しずつ少しずつ押《お》し返していくつもりでやったらいいと思います。

真理を学んで心が透明《とうめい》になっていく効能とは

そして、「そうしたものが自分から離《はな》れた」という証拠《しょうこ》には、例えば、講演会を聴くなり、ＣＤを聴くなり、真理の書籍を読んだりしますと、温かいものが胸のなかにサーッと入ってくる体験をするようになります。こういうふうになってきますと、これは神の光が入ってきている状況《じょうきょう》でして、憑依されていません。そうなりますと、憑《つ》いているものは離れています。

憑いている以上は、それがなかなか邪魔《じゃま》しますけれども、光がサーッと入ってきて剝がれると、そのときに体は軽くなった感じがしますから、よく覚えておいてください。軽くなった感じ、本当に「あれっ」と思うほど、肩《かた》が軽くなった感じがします。その体験をされた方は、「憑依していたものを、自分の勉強が進んで、自《みずか》らの力で剝がすことができた」ということですから、これも非常な楽しみです。

サラリーマンの方で、「毎日、体の調子が悪くて悪くてしょうがない。疲《つか》れて疲れてしょうがない。だるい。考えがまとまらない」という方は、たくさんいらっしゃるでしょう。もちろん、お酒でそうなっている人もいますけれども、こういう方々も、真理を学んで心が透明《とうめい》になってきますと、あるときにパリンと剝がれた感じというのがあります。急に心身共に軽くなるときがあります。そういうときが剝がれたときなのです。

剝がれ始めますと、彼らは支配しにくくなってきていますので、ここでもう道を切ってしまうことが大事なのです。

そのときに、真理を勉強して、しっかり心の方向も変えてしまうことで、彼らとは合わない方向に、いいほうにピシッと向けておきますと、どうなるでしょうか。しばらくは、調子の悪いときなどに、（憑依霊が）ちょっかいを出そうとするのですが、やがて「自分の相手ではない」と悟《さと》るようになりますと、来なくなるようになります。

こういう体験をするのです。

ですから、その方たちは憑依されていますけれども、ある意味で、ありがたい、真理の実証です。もっとひどい憑依をされている人だと、私のＣＤをかけますと、

二、三分で鼻提灯《はなちょうちん》がプーッと出て、クタッと寝《ね》てしまいます。まったく聴けないのです。聴かせないようにされるわけです。

そういうふうな現象が出てきますから、みなさんも、ご体験があれば、どうか、よく反省をされ、今日（講演中に）寝ていた方がいらっしゃったら、よく考えられて、やられたらいいのではないかと思います。

そういうことです。根気が第一です。根気強く少しずつやり、いきなりと思わないこと、これが最善です。

第3章

霊体質《れいたいしつ》の克服《こくふく》

1　他の人の悪い波動《はどう》を受けないためには

Q1　真理を学んでいて光を受けやすくなったのですが、誰《だれ》かほかの人が怒《おこ》っていると、その悪い波動《はどう》を受けて心臓がドキドキすることがあります。真理を学ぶと、悪い波動も受けやすくなるのでしょうか。また、受けないためには、どうすればよいでしょうか。

一九九〇年 第三回特別講演会「押《お》し寄せる愛の大河《たいが》」
一九九〇年十一月二十三日　沖縄《おきなわ》県・沖縄コンベンションセンターにて

「違《ちが》いが分かる」ということは幸福なこと

「神の光を受けやすくなる」ということと「悪霊《あくれい》の波動を受けやすくなる」と

いうことを、単に二分法というか、善悪だけに捉《とら》える見方は、ちょっと問題があると私は思っています。

これを言い換《か》えてみますと、例えば、音楽なら音楽の勉強をしますと、音楽のことがよく分かりますね。音楽好きで、いつもクラシックを聴《き》いていたりしますと、コンサートに行って聴いたとき、その日の指揮者の出来のよし悪《あ》しとか、その日のバイオリンやピアノの音の出方のよし悪しとかが、当然ながら普通《ふつう》の人よりよく分かります。勉強すればするほどに分かるようになる。

だから、勉強すればするほどに、当然ですけれども、下手《へた》くそな演奏は聴けなくなってきます。「ああ、あの指揮者、ちょっとテンポが遅《おく》れている」とか、「あのピアノは少し自己顕示欲《けんじよく》が入っているな」とか、いろいろ感じるようになってくるのです。そうすると、聴けなくなる音楽が増えてはくるんですね。

ところが、自分が聴けないその音楽を、隣《となり》を見たら、喜んで拍手《はくしゅ》している人がいっぱいいるのです。そうすると、音楽を知らない人ほど喜びが大きいのだろうかという疑問があるわけなのです。素人《しろうと》ほど喜んで拍手して、「ブラボー」と言っていますけれども、よく勉強すると、だんだん聴けなくなっていくのです。大したことがないことが分かってくる。

では、何も音楽を知らない人のほうが幸福なのかと考えてみると、やはりそんなものではないのです。下手なものは下手だと分かることも、幸福なのです。何も分からないよりは、下手なものは下手、音が悪いものは音が悪いと分かるほうが幸福なのです。逆に、素晴《すば》らしい演奏は「これは本物だ」というのがものすごく敏感《びんかん》に分かってくるからです。この喜びというのは、本当に霊的な喜びそのものです。こういうものなのです。

だから、真理を学習すると、悪い波動がものすごく敏感に分かります。その人の悟《さと》りが遅れているところとか、間違《まちが》っているところとか、ものすごく敏感に分かります。でも、今の音楽のたとえと一緒《いっしょ》です。

ほかの芸術でも一緒です。絵の勉強をした人であれば、下手くそな絵といったら、もう見るに堪《た》えないのです。ところが、分からない人から見たら、みんないい絵のように見えてしまう。また、料理の味が分からない人から見たら、何を食べても「おいしい」と言いますけれども、分かってくると、やはりその味の違いが分かります。

では、どちらが幸福か。不味《まず》く感じるほうが本当に幸福か、全部おいしく感じるほうが幸福か。これは、一般《いっぱん》的に言ったらどちらかというふうに思うけれども、やはり、よく分かるということは幸福なことです。「違いが分かる」ということは幸福なことだと思います。その幸福のほうが、たぶん高級だろうと思うし、奥深《おくぶか》いものだと思う。

だから、「よく分かるほど悪霊が分かってくるから、勉強すれば悪霊の感じが分かるから、困る」と言うけれども、それは贅沢《ぜいたく》というものです。贅沢というものので、やはり、それはほかの人は分かりたくても分からないのだから、これは〝うれしいこと〟なのです。

さらに勉強していくと、そういう〝演奏の下手な人の演奏会〟に行かなくなります。〝自分が感動するような演奏〟を選ぶようになります。ということは、あなたの悟りが高まりますと、もうちょっとレベルの高い人たちと付き合うようになってくるのです。そして、あなたの仕事自体も、もっと大きな仕事になってくるのです。だから、ちゃんと次なる喜びは用意されているわけです。

2 「心の窓」を開いたときの対策

Q2
霊道《れいどう》について教えていただきたいのですが、私たちが霊道を開いたあとの厳しい生き方についてお教えください。

また、幸福の科学で学びの進んだ方、例えば、講師をされているような方は霊道を開いているのか、お教えください。よろしくお願いします。

一九九〇年　第九回大講演会「大宇宙の悟《さと》り」

一九九〇年八月二十六日　千葉県・幕張《まくはり》メッセにて

霊的体質の人には二種類ある

まず最初の、「霊道を開いたらどうなるか」ということなのですが、当会の教えはその対策で成り立っているような部分があるのですけれども、〝外科《げか》的な方法〟はあまり取っていないのです。主として〝内科的な方法〟、すなわち、その人の魂《たましい》を傷《いた》めない方向で処方箋《しょほうせん》を組んでいるのです。

外科的にやろうとすれば、例えば、霊道を開いて、いろいろな危機的状況《じょうきょう》が現れたら、それなりの対策というのもあるのでしょうけれども、それをやると、その人の人生自体が、大きく、「イエス・オア・ノー」といいますか、賭《か》けのようになってくることがあるので、あくまでも内科的処方で、「勉強しながら、だんだんに自分で悟っていただく、軌道《きどう》修正していただく」というかたちを取っています。

これが、早くないけれども、やはりいちばん王道なのです。

たまたま霊道を開きますと、いろいろな霊の声が聞こえたり、視《み》えたり、自分のなかに入ってきてしゃべったりします。いろいろなことをしゃべったりするようになるのです。

最初は面白《おもしろ》いからいろいろやっているのですけれども、だんだん自分が自分ではなくなってくるのです。いつも四六時中《しろくじちゅう》、支配されているような感じになってきます。そして、最初はいいことも言っていたような気がするけれども、次第《しだい》におかしいことを言い始めるのです。

そのときになって、「あっ、これは何とかしなければいけない」と思っても、自分が自由にならなくなるのです。ちょうど操《あやつ》り人形のように、ちゃんと自分で引っ張れたらいいのだけれども、逆にピアノ線で引っ張られているような状況になってきて、自分が自分ではなくなるようなことになるのです。

こういうときは、ある意味で、早く開きすぎたことが悲劇であることもあるのですね。

ただ、そうした霊的才能というか、素養が豊富である方だと、比較《ひかく》的簡単なきっかけで開いてしまうことが多いのです。私の講演会を聴《き》いたり、あるいは研修会に出たり、本を読んだりしているだけで開いてしまう人がたくさんいます。

そういう人たちに対するアドバイスとしては、次のようなことです。

体質的に、非常に霊的な体質というのはわりにあるのです。比較的早く感応しやすいのですけれども、それは必ずしも魂的に優《すぐ》れていることを意味していないのです。

比較的早くそういうふうになる方には二種類あって、一つは、過去世《かこぜ》にそうした霊的な修行《しゅぎょう》をよく積んだ方です。そういう人は、わりに早くそういうことを開きやすいのですが、過去世の霊的修行というのが必ずしも正しい修行かどうかは分かりません。いろいろな修行がありますので、超能力信仰《ちょうのうりょくしんこう》のようなものを過去世にやりすぎていますと、わりに浅いところにあるので開きやすいのです。

もう一つは、「極度の霊障《れいしょう》にかかった場合には、霊道現象とほとんど同じような現象が出る」ということがあります。

そうした場合には、たいてい五体以上、憑依霊《ひょうい》がずっと憑《つ》いている状態になりますと、霊的支配下にあるような状態になって、本人が本人ではなくなってきます。

霊体質の人がまず気をつけるべき「正しい心のコントロール」

こういうことがありますので、身内にそういう霊体質の方、霊感体質の方がいたり、あるいは何かの事情で不成仏《ふじょうぶつ》の方が非常に集まっているような家庭などに育った方は、そういう影響《えいきょう》を受けやすいのです。また、それ以外では、いろいろな宗教団体を回ってそういうことになった方も数多くいらっしゃいます。

いずれにしても、まず「正しい心のコントロール」ということを気をつけなければいけないのです。

その「正しさ」に関して、いろいろな角度から教えるために、各種の霊言集《れいげんしゅう》、理論書等を出しているのです。読んでいるうちに分かってくることがあるのです。何が分かってくるかというと、要するに、霊体質になると分かりやすいのは、本に書いてあるような「正しき心の探究」型でやりますと、非常に調和されて、体が軽くなって温かい感じになるのです。

ところが、その逆のことをやっていますと、いつも体が重くて、そして頭にいろいろな考えが駆《か》け巡《めぐ》って、心の平和がないのです。

それから、人の言葉に対してカッという反応をしやすくなります。怒《おこ》りやすくなります。それから、人の意見を聞かなくなってきます。これは悪霊《あくれい》にやられている人の特徴《とくちょう》ですね。だいたい柔軟性《じゅうなんせい》がなくなってきて、人の意見を聞かなくなります。カッとしやすい。それから自分中心的になってくる。こういうものが傾向《けいこう》の一つですね。

当会の教えをよく読んでみますと、だいたい、その逆のことばかり書いてあります。「他の人に尽《つ》くす生き方」、それから「心を波立たせない方法」、こういうことを書いてあるわけですね。

これをやっていますと、自分でコントロールできるようになってきて、「『ああ、これはおかしいのが来ているな』と思ったら、こういうふうにしていけばいいんだ」ということが分かるわけです。

そして、正しいハンドルさばきをしていますと、自然にそういうものは離《はな》れていくのです。そして、取り憑けなくなってくるのです。そのときに後光《ごこう》が射《さ》してくるのです。光が射してくると、取り憑けなくなってきます。

だいたい、そういう極度な霊体質になってから、心のコントロールをして、完全にシャットアウトできるようになるまで、普通《ふつう》、一年ぐらいはかかります。そのくらいの努力はしなければできません。

そのときに、自分の意志でシャットアウトできるようにすることが大事です。いくら他から何か話をしようとしても、どんなことを言ってこようとも、どんな影響があろうとも、自分の意志でシャットアウトするということ、意志を強くすることによってシャットアウトすることが非常に大事であるというふうに思います。

また、当会の講師がどうかということですが、一部、開いている方もいるし、感じやすいことはみんな感じやすくて、みなさん、「悪霊が憑いていることぐらいは分かる」ぐらいにはなっていると思います。高級霊がついているかどうかは分からないかもしれないけれども（笑）、「悪霊が憑いている」ぐらいはよく分かるようです。

ですから、ある程度の判断ができると思ってくださって結構です。「霊道を開いた」だとか、そういう方が会員で出てきても、その人の言うこととか書いたものとかを見たら、ある程度、判定が利《き》くというのは間違《まちが》いありません。

入会願書というものがありますが（説法《せっぽう》当時）、これなどでも、実際上、ある程度、判定はされているのです。極度の霊障などにかかっている人は、ここで入《はい》れないことになっているのです。もともと、そういう目的もあってつくっているのですけれども。

今、私は判定していません。講師たちが判定していますけれども、だいたいみな分かります。霊障の方の書いたものは、みなさん、だいたい分かって反応するのです。どの人も、「読めない」と言います。だんだんそういうふうになってきますから、そういう判定能力はあるということです。

また、講師たちの霊道といっても、霊現象などいろいろありますが、あまりさせないようにしています。おかしくなることが、やはり多いのです。

一般《いっぱん》の方ですと、悪霊といっても大したことのないものが来るのですけれども、当会で講師などをしていますと、大きいものが来るのです。大きいものが来ると大変なことになるので。やはり器《うつわ》相応に来るんですね。

だから、できるだけそういうことはなしにして、「法理論のほうで仕事をするように」ということを言っております。

3　支援霊団《しえんれいだん》と共に悪霊《あくれい》に打ち勝つポイント

Q3

反省がだんだん進んでくると、非常に霊的《れいてき》に敏感《びんかん》になってくると思います。伝道の際には他宗教の方にお伝えする場合もあると思いますが、相手の霊的な波動《はどう》に対して強くなっていくための心構えをお教え願います。

一九九〇年　第三回特別セミナー「反省法講義」（仏弟子《ぶつでし》の反省）
一九九〇年十月十四日　静岡《しずおか》県・静岡産業館にて

支援霊団と共に戦うために持っていなければいけないものとは

はい。もちろん、個人個人でいろいろな悪《あ》しき波動、悪霊《あくれい》等との戦いもあるわけなのだけれども、もう一つ考えてほしいこととしては、今の時期というものを考えていただきたいのです。

幸福の科学という運動が起きて、そして現実に進んでいるわけですが、これは支援霊団《しえんれいだん》のバックアップを受けてやっているわけです。ですから、私が地上を去ったあとは、またいろいろあるかもしれないけれども、生きているうちは、要するに信仰心《しんこうしん》を中心にビシッとつながっていれば、崩《くず》れることはまずないんですね。

したがって、ほかの団体等の人が、悪しき波動でいろいろ来ることもあるかもしれないけれども、このとき、「信仰心のところでビシッと一本につながる」と、自分の心でそう決めることです。

私が地上にいる間は、支援霊団と一本で直結していますから、このロープをキチッと握《にぎ》っていれば、少々のことがあったとしても、あなた個人では勝てないことでも、要するに、悪霊たちは支援霊団と戦わなければいけなくなるのです。信仰心とはそういう意味なのです。要するに、これを持っていると、この大本《おおもと》とつながってしまうんですね。

　五百人もの支援霊団と戦うのは、悪霊であっても無理なのです。ところが、この部分で手を離《はな》している人と戦うのは簡単なのです。これを落とすのは簡単なことなのです。ですから、そういうときほど、「これだけの支援霊団がついて、現に指導者が生きてやっているんだから、こんなものには負けない」と、「絶対負けないぞ」と、「頑張《がんば》るぞ」と思って、「勝てる」と思ってキチッとやれば勝てるのです。「負ける」と思ったら負けてしまうのです。だから、強くしてください。これが信仰の意味なのです。

　つながるということは、霊的にはピシーッと全部つながってしまうのです。つまり、あなたが戦うのではなくて、支援霊団があなたの代わりに戦ってくれることになるのです。だから、ここが戦ってくれない場合は、信仰心にどこか問題があるということです。そう思ってください。

4 悪《あ》しき波動《はどう》を祓《はら》う方法

Q4 ある団体に入っている親戚《しんせき》の方が、「幸福の科学は波動《はどう》を祓《はら》えますか。僕《ぼく》の先生は、波動を祓える。『波動を感じる体になりなさい。そして、波動を受けないような心になって波動を祓いなさい』とおっしゃっている」と言うのですけれども、そこのところについて、当会の教えをどのように説明したらよいのでしょうか。

木曜セミナー 第二回「『太陽の法』第2章 講義」
一九八八年十月二十日 東京都・幸福の科学研修ホール（西荻窪《にしおぎくぼ》）にて

悪しき「霊的《れいてき》波動」を受けないための安全策――縁《えん》をつくらない

波動というのは、もう現実性がものすごくあるものなのです。私などは、もう毎日、波動のなかで生きており、今いろいろな本を毎月毎月出していますが、本来、そういう創造的な仕事、作家的な仕事というのは現実波動とあまり合わないのです。いろいろな事務をやったり、いろいろな人と会ったりしていると（生産性が）落ちてくるのです。

それはなぜかというと、波動を受けるからです。接触《せっしょく》する人の波動があります。たいてい三次元的波動が非常に多いのですが、しばらくそういう接触をすると、自分の波動が、その人と話を合わせるために近づいていくのです。どうしても近づいていくのです。すると、しばらく、その波動の影響《えいきょう》下に置かれるのです。

こうして、会う人、あるいは、する仕事によって、いわゆる瞑想《めいそう》状態が多少破られてくることはあります。ですから、全然人と会わなければ、波動など乱れようはありませんが、いろいろな接触をしたり、いろいろな仕事をしていると、それによって波動が乱れるということはあります。

それと、具体的には、その人が言っている波動というのは、「霊的《れいてき》波動」のことをたぶん言っているのだと私は思うのですが、「霊的波動でいろいろな悪想念、低級霊想念を受けて、それをどうすれば祓えるか」というようなことが、たぶんポイントだろうと思うのです。これは難しいですよ。非常に難しいです。きりがない部分があるのです。

ただ、言えること、私が言っておきたいアドバイスは二つぐらいあります。

第一は、「縁《えん》をつくらない」ということ、これがいちばんなのです。もう、「そういう悪想念、悪霊《あくれい》の波動には縁をつくらないこと」、これがいちばんです。もう、いろいろ祓い方もありますが、「縁をつくらない」、これが本当にいちばんいいです。

特に霊体質になってくると、ものすごく受けやすくなってきますから、悪霊が憑《つ》いている人のところ、あるいは、そういう団体等には、もう出入《でい》りしないのがいちばんです。これを受けて、いちいち祓っていたらきりがありませんから、なるべく、そういうところは避《さ》けておくのが身の安全ではあります。

もちろん、「それを善の波動に変えてやる」などと言って頑張《がんば》る人もいると思うので、それはそれで結構ですが、基本的には、普通《ふつう》の人間であれば、なるべく悪い波動に染まらないようにするのがよいのです。

私自身、出家《しゅっけ》してから、ものすごく楽になりました。会社勤めをしていると、やはりそうはいきませんでした。何と言っても、電話が鳴って、人がいっぱいワアワア言っているところで仕事をしていて、それは精神統一もできないことはないけれども、精神統一をしていたら、何かポーッとして見えますし、どうしてもその波動は受けますから、実際上、厳しいものです。

ですから、受けないわけにはいかないので、「縁をなるべくつくらない。積極的に縁はつくらないようにする」というのが安全策の一つです。

自力による「悪霊の対策」——反省

第二は、これは「悪霊の対策」で、また本格的に「悪霊の取り方・対応の仕方」(注)をお教えしないといけないと思いますが、基本的には、「自力によるもの」と「他力《たりき》によるもの」の二通りがあります。

自力によるものは、まず「反省の方法」です。「反省」というのをみなさんは道徳的に考えがちでありますが、本当に、例えば霊感があったり霊道《れいどう》を開いたりしていて、悪霊に憑かれた経験のある方であるならば、どうでしょう。

私に悪霊が憑いているとします。それで、私が反省を始めるとする。まず、今日、朝の一番から考えてみる。「朝、眠《ねむ》かった」とか、「できれば、事務局に行くのはサボりたかった」とか、思いが出るわけです。そういう反省を始めていきます。

そうしていろいろしてくると、やはり、悪霊が憑いているとすると、それが〝ブルブルッ〟とし始めるわけなのです。〝ブルブルッ〟とし始める。そして、反省がもっと進んできて完璧《かんぺき》になってくると、憑けなくなるのです。〝パリッ〟と剝《は》がれます。

もちろん、そういうことが分からない人もいるでしょうが、今、ずっと〝お客さん〟を持っている人はこのなかにもだいぶいます。そういう〝お客さん〟を持っている方も反省が進んでくると、あるときに〝パリッ〟と剝がれる感じがします。それは霊道を開いていなくてもそうなのですが、実際上、体が軽くなるのです。

今まで、どうですか。何か体が気《け》だるい人はいませんか。（ずっと〝お客さん〟を持っている人は）だるくてしょうがないのです。慣れてしまえばそれまでなのですが、服が重いような感じで体がいつも重いのです。気だるいのです。

これが反省するとあるときを境に軽くなります。要するに、反省が合格点に入ったら、軽くなるのです。〝パリッ〟といくのです。〝パリッ〟という感じです。スッと軽くなるのです。「あらっ、こんなに世の中は軽かったのか。体が軽かったかな」という、この感じです。これがあります。

ですから、「反省」による方法、自力によるものとしては、これが一つです。

反省ができないときの方法――「謙虚《けんきょ》さ」と「感謝」

もちろん、自力のなかにも、ほかもあります。

例えば、「謙虚《けんきょ》になる」という方法があるのです。これも反省に近いですが、たいてい、悪霊の虜《とりこ》になっている人というのは鼻の高い人が多いのです。もう、やはり、鼻が高くなっていて、プライドが強いのです。

プライドが強い人、自尊心が強くて、自尊心が傷つくのを嫌《いや》がる人、「ちょっとでも下がったら、嫌だ」というタイプの人は、基本的に反省できないのです。

なぜ反省ができないかというと、自分を下げられないからです。自分を悪くしたくないのです。下げられないので、プライドで囲ってガードしているのです。それで、このタイプは反省ができないのです。

このタイプは反省ができないので、どうしたらいいかというと、「謙虚さ」に入っていくしかないのです。謙虚さから入っていくしかないので。謙虚さから入るためにはどうするかというと、自分の今の立っている立場、この水準をいったん下げる必要があるのです。いったん下げていくのです。いったんゼロに戻《もど》す必要があるのです。

「当然」と思っているわけです。「自分は当然」で、もう「これ以上遇《ぐう》されないとおかしい」のに、この当然のラインが高くて、これが下がらないのです。このタイプの人は反省できないのです。この場合は、いったん、このステージを下げないとしかたがないのです。

いいですか。例えば、「自分は非常に優《すぐ》れている」と思う。優れているのに、「会社のなかで、なんでこういう扱《あつか》いを受けるのか。周りはバカばかりじゃないか。自分よりできるのは一人もいないじゃないか。なのに、なぜ、こんなセクションに自分がいるのか」、こういうタイプの人は基本的に反省できないのです。

このタイプの人は、もう一度、この基準を下ろして、ゼロから考え直してみることです。想念の訓練でも結構ですが、もう一度下げてみて、そして、いわゆる「足ることを知る」に近いですが、ゼロからもう一回始めてみるのです。

例えば、自分がいい学歴を持っているとしても、「それで企業《きぎょう》に入ったのに、扱いが悪い」と思ったら、もう、とにかく学歴のところをちょっと取ってみて、外してみることです。

自分が、例えば二十二歳《さい》で大学を卒業して企業に入ったとしましょう。ところが、その周りにはいろいろな人がいる。それで、一年上の先輩《せんぱい》がいるとする。あなたの一年上がいるけれども、その人は短大卒業で入ったとしましょう。年は下なのです。自分より年は下です。でも、たいていの場合、仕事はできるのです。仕事ができます。女性でこんなことで葛藤《かっとう》をつくっている人は、見ているといっぱいいるのです。

そうしたら、何が苦しいかといったら、プライドの部分なのです。それで苦しいのです。年下だけれども、向こうができるので苦しいわけです。これで葛藤して、〝うわうわ〟となるのです。

こういうときには、もういったん、そんなものは外して、年齢《ねんれい》も外して、学歴も外して、「人間としての自分には何もない」として現在を見て、「では、自分はどうだろうか」と思ったら、「確かに何もできないな。本当に、お茶汲《く》みぐらいしかできないな」と思うと思います。「このへんから、楽に低いところから入っていこうか」ということで、いったん基準を下げるのです。ここから入っていく、こういう方法もあります。

特に、悪霊が憑いているタイプの人は、自分を下げるのをものすごく嫌がります。いいですか。大丈夫《だいじょうぶ》ですか。みなさん、胸に手を当ててください。いいですか。悪霊が憑いている人は、自分を下げるのが嫌なんですよ。いいですか。自分の評価が下がったり、値打ちが下がったりするのをものすごく嫌がりますからね。いいですか。自分のことではないかと、よく考えてください。

ですから、「謙虚」に入っていくことです。反省できない場合は、謙虚に入っていくのです。一段、立っているところを下げることです。これが二番目です。

もう一つは、「感謝」です。「感謝をする」という方法があるのです。反省ができなくても、感謝はできるのです。「どうしても、反省しようとしても思い浮《う》かばない。できない」という人もいるけれども、感謝はできます。

少なくとも、「自分がいちばんお世話になった人は誰《だれ》か」を考えてみれば、順番がつくでしょう。いちばんお世話になったといえば、例えば、母親とか父親、あるいは、友人、先生がいるけれども、反省はできなくても感謝はできるわけです。

ですから、お世話になった人に対して感謝を始めていくことです。感謝する、毎晩、感謝することです。守護霊《しゅごれい》様に感謝してもいいです。こうすると、やはり剝がれます。これなども波動を切る方法です。

いいですか。反省、謙虚な態度、謙虚さ、それから感謝、このへんは自力の部分です。

他力による「悪霊の対策」――祈《いの》り

他力の部分もあります。「祈《いの》り」の部分もあります。例えば、『イエス・キリスト霊示集《れいじしゅう》』（現在は『大川隆法霊言《れいげん》全集 第5巻』『同 第23巻』〔共に宗教法人幸福の科学刊〕所収）のなかには祈りがそうとう入っています。あれを声を出して読むとどうなるかというと、具体的に光が降りてきます。実際上、降りてきます。そのとおり、光が出ます。

みなさんに「イエス様の光」が出るかどうかは知りませんが、私には来ますから、分からないのですが、イエス様の系統の人が誰か協力してくれると思います。あれを読めば光が入ってきます。こういうふうに、他力の祈りによって光を入れるということがあります。

もう一つ、もっと具体的に入れるとすると、これは霊道を開いていないと無理ですが、「高級霊を自分のなかへ入れる」という方法があるのです。これがいちばん便利です。いちばん早いのです。私は、いつも、これでやっています。ですから、誰でもいいですが、誰か悪霊を憑けている人がいるとします。その人に会うと、「うわあ、来た」という感じで来るわけです。ただ、来たとして、そんなものに、「反省」とか「説得」などをしてもきりがないのです。

　そういうときには、時間がないから、高級霊をパッと呼んで（自分のなかへ）ズボッと入れてしまうのです。そうしたら、ポンと離《はな》れます。これで終わりなのです。ですから、「（高級霊を）入れる」という、これも波動を切る方法です。「守護霊を入れる。指導霊を入れる。こういう高級霊を入れてしまう」という方法、これもあります。

サタンから攻撃《こうげき》を受けている場合は、どうすればよいのか

ただ、この場合も、強烈《きょうれつ》な憑依《ひょうい》を受けているときは呼んでも入らないのです。特に、普通の悪霊ではなくて、サタンの類《たぐい》に近いものが「意図的に攻撃《こうげき》に来ている」といいますか、「惑《まど》わしでグワーッと来ている」場合には、呼んでも呼んでも、やはり入らないです。

この際には、もちろん、反省もあるし感謝もあるし祈りもあります。それから、謙虚な態度もあります。いろいろと矢を射《う》ち込《こ》んでいっても、どうしても離れない場合、これも波動の典型的、いちばん強烈なものです。

サタンのようなものが来たときにどうするかだけれども、これは、もう前も話をしましたが、持久戦しかないのです。最後は持久戦です。兵糧《ひょうろう》攻《ぜ》めのようなものです。持久戦なのです。あなたがグラッとくるかこないか。要するに、あなた

を混乱させたいか落としたいか、たいてい目的があるのです。

例えば、一つの信仰《しんこう》があって、それを邪魔《じゃま》したければ来るわけです。例えば、あなたがほかのところで信仰していて、そこではいろいろな〝守護霊〟や〝指導霊〟がいっぱいいたりするとします。そういう〝守護霊〟がいっぱいその団体にいるとすれば、やはり、あなたが幸福の科学に来ると嫌なわけです。基本的には嫌なのです。

なぜかというと、（当会に来ると）光が強くなるからです。ですから、当会の道場に向かってくるだけで気分が悪くなる人は本当にいるのです。幸福の科学のほうに向かってくるだけで、電車に乗っただけで、気分が悪くなって足が動かなくなったとかいう人はいるのです。完全に憑依霊です。当会に来るのが嫌なのです。「今日、行って、また見つかったら嫌だ」とか、「飛ばされたら嫌だ」とか、やはり思うのです。ですから、具合が悪くなるのです。具体的に、近づくだけで具合が悪くなる人がいるのです。

それから、〝足止めの法〟のようなものにかかって、グルグルグルグル同じところを回っているような人もいるのです。動けないのです。駅まで行っては、やはり、思い返して帰ろうかと思って、行ったり帰ったりするのは、本当に憑かれている証拠《しょうこ》です。私の講演会などに来ようとして、何か行ったり帰ったりするようなことがあるとすれば、たいていそうです。これは、足止めを食っているのです。

思い返すのです。「今日は行こうか」と思っていたのに、「いや、家族サービスしなくてはいけないな」とかいって帰ってきて、また、「やっぱり行こうかな」と思って、行ったり帰ったりグルグルするタイプです。これなどは、たいていそうです。邪魔しているのです。こういうタイプは積極的に邪魔されています。

これは、今までに言った方法では、なかなか剝がれません。剝がれないのです。

では、どうするかということですが、これは持久戦に持ち込むのです。

地獄霊《じごく》がいちばん弱いのは、忍耐力《にんたいりょく》なのです。彼らは、これが弱いのです。もたないのです。気が短いのです。気が短いというか、すぐパッと何かできないと気が済まないのです。「じっくりじっくり攻めていって喜ぶ」などというタイプではないのです。やはり、グワーッとやって、グワーッとやってやって、グルグルッと回さないと気が済まないのです。

ですから、この場合は、「よし、もうゆっくり行こう」と、「ああ、これは来たな。どうやら来ているな」ということで、「まあ、そうだな。十年計画ぐらいで取ろうか」などと言って、ちょっとずつ修行《しゅぎょう》を積んでいく計画などを立てると、いちばん怖《こわ》いのがこれなのです。これがいちばん嫌なのです。「毎日毎日、勉強などされて、少しずつ心が明るくなる」などという、こんなのがいちばん嫌《きら》いなのです。地獄霊は、いちばん嫌いなのです。ですから、もうこれなのです。最後はこれです。

もう持久戦に持ち込んで、あなたが少しずつ向上していく、この方法で切れないものはないのです。いつも向上を目指して努力している人に憑ける悪魔はいないのです。無理なのです。何日か、あるいは一週間や二週間、その人を混乱のなかに置くことはできます。しかし、その人に向上心があって、「ちょっとでも上がっていこう。光の階段を上がっていこう」と努力している人には、結局は勝てないのです。サタンは勝てないのです。

彼らはそれほど元気がないのです。悠長《ゆうちょう》ではないのです。のんびりしていないのです。やはり、短期的に勝負したいので、その人のあり方を短期的に混乱させて破壊《はかい》させたいのです。ですから、こういうときには長期戦に持ち込むことです。長期戦に持ち込んで、「少しでも自分が向上している」ということを自己確認するのです。

これが、いわゆる「波動を切る」、いろいろな方法論です。全部、私は実体験してきました。

それで、最後はこれです。もうそれしかないのです。ですから、もし、あなたにそういうことがいろいろあるなら、何かほかの団体でいろいろあったのかもしれません。そういう邪魔が出るかもしれないけれども、それはそういうことでしょう。

詳《くわ》しくは、別途《べっと》、〝悪霊の波動を切る方法〟で話をしますが、基本はそういうことです。

なぜ、おかしな宗教でも病気が治ることがあるのか

それと、もう一つ。悪霊に入られている人が「波動を切る」などということは、ちょっとできません。そういう教えを説くところもあると思いますが、その人自

身がそんなものにやられていて、「波動を切る」などと言っても、切れやしないです。

これで切れる場合は、「〝すごいもの〟が入っていて、ほかの〝弱いもの〟が近寄れない」という、これしかありません。もっと〝すごいもの〟が来たら、〝弱いもの〟は逃《に》げますから、これで取れることはあります。〝入れ替《か》わり〟ということです。これはあります。〝もっと大きいもの〟が来た場合には、本当に、おかしな宗教でも病気が治ることがあるのです。それがあるのです。

ですから、足の悪い悪霊が足に取り憑いているのに、そこへ行ったら〝もっと大きいもの〟に憑かれて足が治るということはあるのです。もう本当に、ボッと〝大きいもの〟が入ったら、足に憑いていたものが、怖いから逃げるのです。そうしたら、足が動き始めたりするのです。こんなことが、実際上あるのです。

そういうこともあるけれども、それはちょっと、波動を切るうちには入りません。そんなところでいいですか。

（注）その後、一九九〇年二月の講師等登用研修において、「『悪霊撃退法《あくれいげきたいほう》』講義」「『悪霊《あくれい》から身を守る法』講義」を連続講義した。『信仰《しんこう》と情熱』（幸福の科学出版刊）参照。

5 霊体質《れい》の人が気をつけるべきこと

Q5

大川隆法先生の本を読むようになってから、霊道《れいどう》現象がいろいろ出てくるようになりました。また、人と話していると、相手の方に憑《つ》いているものが、わりと攻撃《こうげき》的なかたちで現れることがあります。こういう場合、どのような態度でやっていけばいいのか、ぜひアドバイスを頂きたいと思います。

九州連続セミナー「人を愛し、人を生かし、人を許せ」
一九八九年九月九日　福岡《ふくおか》県・宗像《むなかた》ユリックスにて

「霊的能力によって他人《たにん》を幸福にしたい」と思うときの注意点

霊道現象のようなことが起きるということですね。日常茶飯事《さはんじ》で起きるんですね。分かりました。

別に、頭から否定する気持ちはありません。これから、当会の会員にもそんな人はいっぱい増えてくるでしょうし、現にあちこちで出ています。実際、「心の窓を開く」というのは、そんなに難しいことではありませんし、だんだんこの会自体が大きくなっていけば、そういう人も数多く出てくるでしょう。

ただ、やはり「戒《いまし》め」という部分を持っておかなければいけないところは、どうしてもあります。それは、一人ひとりの人間の力というのは、そんなに強いものではないからなのです。必ずしもそんなに強いものではありませんし、肉体を持っている以上、体調の変化によって左右されることもそうとうあります。それはあなたもそうだし、私もまったく同じ状態にあります。

それで、特に気をつけていただきたいことは、「霊的能力によって他人《たにん》を幸福にしたい」という気持ちはよく分かりますが、やはり、それなりに、自分なりの限界はあるということを知らねばならないということです。世の中には、迷っている人、苦しんでいる人は無限に近くあります。しかし、私自身も、それらの人たちすべてに接して、そして導くことはできないでいます。そうした悩《なや》みは、毎日のように私自身にもあります。

そこで大事なことなのですが、やはり、「知恵《ちえ》をできるだけ使っていく」ということが必要なことだと思います。

知恵を使っていく。その知恵はどういうふうに使うかというと、単に、霊的な力があって、悪霊《あくれい》を取れば相手が救われるというものの考え方では、自分の体力が限界になります。そして、体力が尽《つ》きたときに、その悪霊に、逆に自分自身が支配されるようになっていきます。負けていくようになります。実際上、これは勝てないのです。

やはり、人間はそれぞれが電池あるいはバッテリーのようなもので、充電《じゅうでん》した分以上は放電できないようになっているんですね。それ以上に放電しようとすると無理があって、〝ガタが必ず来る〟ようになります。

充電するためにはどうしなければいけないかというと、もちろん、学習というようなこともあるでしょうが、休息が必要です。それから、食べ物も必要です。

また、あなたとして、どれだけそのバッテリーが電気を供給できるかという、その量をしっかり知っておく必要があります。そして、「この程度までしか供給できない」ということが分かったら、それはそれで悲しいかもしれないけれども、現実は現実として認めなければいけない。そこで、「自分のできる範囲《はんい》のなかで、いちばん効率的に相手をよくするための方法は何だろうか」ということを、相手によって見てあげることです。

「まだまだ、この人の心を浄化《じょうか》するには、はるかに長い過程がある」と思ったら、まずきっかけを与《あた》えるところから入っていくだろうし、時によっては、「とてもではないが、今のままではどうにもできない」というものもあると思います。そういう方もいらっしゃいます。もう、悪霊が五体、六体、十体ぐらいいて、とてもではないけれども自分の手には負えないし、現実にその人自身が反省ができるとも思えないし、どうにもならないというときもあります。

そういうときがいちばんつらいときでありますが、そうしたときであっても、できることが一つだけあります。それは、「その人が適当な機会に、必ず光明《こうみょう》の道に入《はい》る」ということを信じて祈《いの》ってあげることです。それだけしかできないこともあるでしょうが、時機《じき》というのは各人に必ずあります。その時機があるということを信じることです。そして、「必ずや、いい方向になっていく」と思ってあげることです。

ですから、「悪霊と戦って追い出せる」とあまり長く思うことは、決してよくないのです。私自身も戒めていて、ほとんどやりません。やはり、人間一人の力でそうしたものを追い出し続けられるというのは、限界があるのです。そんなに大きなものではありません。そんなにできないものです。

例えば、一日五人も十人もやっていたら、だんだん自分のほうも参ってきます。そうではなくて、私自身も、自分のそうした範囲を知っていますから、やはり、書籍《しょせき》をつくって、多くの人にまず真理を知ってもらうほうが、私のできる仕事としては大きい。あるいは講演を通して、千何百人の人に聴《き》いてもらうほうが、私の仕事としては大きな結果が出る。あるいは、それをＣＤ・ＤＶＤで出したほうが大きな結果が出る。

このように、同じ時間を使うのでも、できるだけ自分の力を大きくできる方向で選択《せんたく》していっています。

私自身も、個人相談とかを本当はやりたくてしかたないけれども、幸福の科学の会員の数と会員ではない人の数を見たときに、とてもではないができない。やはり、もっと簡単な方法としては、質疑応答集を出していくとか、そういうことのほうが簡単なわけです。そういうふうに努力しているのです。

悪霊に苦しんでいる人の「悩みの核《かく》」を見抜《みぬ》く

あなたの霊現象が本物か偽物《にせもの》か、そういうことは私は問いませんが、そういう貴重な経験をされたということは大事なことだと思います。あとは、それに振《ふ》り回されないようにして、もっと一般《いっぱん》的な力で人々を導けるような、そういう訓練を自分ですることです。

それは一つの言葉で導くこともできるのです。その人自身のいちばん課題になっているところ、心の悩みの核《かく》になっているところを見抜《みぬ》くことなのです。「この人は今、ここが悩みの中心だ」ということを見抜くことなんですね。そこのところをパンと突《つ》いてやると、悩みが自壊《じかい》していくのです。

知らないのです。悩んでいる人、あるいは悪霊に苦しんでいる人は、自分の思いの間違《まちが》いの、いちばん根本《こんぽん》のところはいったい何であるかが分からないのです。自分で分かるぐらいだったら、そんなものは最初から来ないのです。なかなか分からない。ですから、その部分を見抜いて、パンと言ってやることです。そして、気づかせるところから始まっていくということです。

必ずしも、あなたの期待どおりにならなかったかもしれないけれども、ある程度、自分の能力というのは限定がある、限界があるということを知って、そして、多くの人を本当に間違わずに導ける方法を、知恵を持って考えてください。

その方法の一つが、その人の悩みの核の部分を指摘《してき》するということです。これをするだけでも大きなきっかけです。あとは、自分の力で何とかなります。これだけでもいいのです。それを見抜くためには、多くの人生経験、洞察《どうさつ》、教養、その他、総合力が要《い》りますから、このための勉強は無限です。そう思ってください。

霊能力だけで解決しようとしないこと。これは私もまったく一緒《いっしょ》だから、それだけ心掛《こころが》けてください。

6 「睡眠《すいみん》」と「悪霊《あくれい》による憑依《ひょうい》」との関係

Q6

日ごろ、あまり体が疲《つか》れていないのに、眠《ねむ》くなることがよくあります。睡魔《すいま》から逃《のが》れる方法についてお願いします。

一九八八年 第三回講演会「救世の原理」
一九八八年七月三十一日　東京都・江戸川《えどがわ》区総合文化センターにて

霊体質になると、通常より睡眠が必要になる理由

二つの面から話をしてみたいと思います。

一つは、霊的《れいてき》体質の方はどうしても睡眠《すいみん》が必要になってくるのです。あなたがもし霊感体質、霊体質になっているとすれば、眠くなるのです。なぜ眠くなるか

というと、普通《ふつう》の人よりも疲れが激しいのです。精神的に疲れるのです。

それはなぜかというと、表面意識だけで生きている人にとっては、この世の波《は》動《どう》というのは懐《なつ》かしい波動であって、ある程度過ごしていけるのですが、表面意識に亀裂《きれつ》が入っていて潜在《せんざい》意識層まで漏《も》れてきている人の場合には、この世の波動を受けるということが非常に疲れやすいのです。そういうことがあります。

そして、この世の波動で非常に疲れやすい場合、どうなるかというと、睡眠が必要になるのです。もうすでに私の本のなかにも書いてありますが、睡眠中は、人間は何度か肉体から離《はな》れて、幽体離脱《ゆうたいりだつ》のかたちで出ていくことがあります。一日のうち何度か出ます。夢を見ているときに、魂《たましい》が離れていることが多いのです。

なぜ離れるかというと、実在界のエネルギーを吸収しに行っているのです。霊太陽のエネルギーを受けているのです。そして補充《ほじゅう》しているのです。だから、睡眠を取り、朝になると体力が回復しているのは、肉体が休まるということもあるけれども、霊的にエネルギーを補充しているのです。したがって、霊的体質になっている人は、通常の人よりも睡眠時間が必要になってくるわけです。それで眠くなるということはあります。

あなたも、おそらく私の感じでは、かなり霊感体質ではないかと思います。そうすると、眠くなりますね。寝《ね》たらいいですよ、暇《ひま》があれば。なければしょうがないのですが、暇があれば夜八時からでも七時からでも寝たらいいでしょう。昼寝も、主婦でできるなら、したらいいのです。

昼寝をするといいですよ。悪霊除《あくれいよ》けにものすごくいいのです。睡眠時間を増やすことによって霊的抵抗力《ていこうりょく》ができることがありますから、仕事を早く終えて、一時間でも睡眠時間を延ばしたらいいのです。そうしたら、眠くなくなると思います。たぶん霊感体質だと思います。これが第一の話です。

真理の学習中に襲《おそ》ってくる「睡魔《すいま》」への対処法

次、第二の話に入ります。講演中に眠くなった方がいらっしゃると思います。本当に話が退屈《たいくつ》で眠かった方は除外いたしますが、毎回私の講演を聴《き》いていて眠くなる方、話が終わったときに何を言っていたか全然残っていない方、耳から音が伝わっているのだけれども全然頭に残らない方、あるいは耳にヘッドホンをしているような感じがして、音は聞こえているのに何も通ってこないという方、これは〝お椀《わん》〟を被《かぶ》っていますよ。間違《まちが》いないです。

こういう方は、霊的に邪魔《じゃま》されているのです。こっくりこっくりきます。私の講演ＣＤやＤＶＤをかけていても、たぶんこっくりこっくりくるでしょう。眠いのです。

それはなぜかというと、その人に憑《つ》いているものが話を聴かせたくないからです。聴くと、本人が悟《さと》る場合がある。悟られるとどうなるかというと、憑いていられなくなるのです。すると、住処《すみか》がなくなるのです。せっかく確保したのに、せっかく見つけたのに。

今、住処を探すのは大変です。あちらもこちらも、行っても憑いている人がいっぱいいいるものだから、自分の住処がないのです。

みなさん、鮎《あゆ》の生態を知っていますか。苔場《こけば》があって、自分の石のそばにほかの魚が来たらターッと来て、近寄らせない。ああいうふうに、悪霊同士でも、やはり「お互《たが》いに嫌《いや》だ。一緒《いっしょ》にいたくない」というのがあるのです。好き嫌《きら》いがあるのです。他人《ひと》が所有しているものには、あまり行きたくないのです。自分が新規開拓《かいたく》して、新しいものを手に入れたいのです。そしてその人に憑いて、自分なりのエンジョイをしてみたいという気持ちがあるのです。だから、できるだけ新しいものがいいのです。そういう気持ちがあります。

せっかく確保したものなのです。せっかく確保したものだから、これが離れると困るのです。何とか維持《いじ》しておきたいのです。ところが、嫌なことに講演会などにノコノコ行くわけです。これで悟られたら困るということで、耳を塞《ふさ》ぐのです。それで聞こえなくなります。

これはまさしく「睡魔」だと思いますが、眠くなります。真理の話になると、とたんに眠くなります。私も見たことがあります。私の講演CDを聴かせると、鼻提灯《はなちょうちん》をつくる人がいるのです。プワーッと、いきなり鼻提灯なんですね。クワッ、クワッともう全然意識がなくなるのです。それはそうとう憑いている人です。そこまで行ったら、(憑依《ひょうい》霊が)四人や五人では済まないです。そうとうです。もう鼻提灯をつくって、コクッといきます。だから、ヘッドホンをかけているような感じの人は、そうだと思ってください。

7 「霊体質《れいたいしつ》」で疲《つか》れやすい人への処方箋《しょほうせん》

Q7

今日のご講義のなかで、「イエス様のお衣《ころも》の裾《すそ》に女性が触《さわ》ったら、イエス様はエネルギーが抜《ぬ》けていくのを感じた」というお話がございましたけれども（CD「大海原《おおうなばら》の瞑想《めいそう》」〈宗教法人幸福の科学刊〉参照）、私もそうした〝感応しやすい性質〟というのでしょうか、人と話をしたり、たくさんの人を相手に仕事をしたりすると、とても体が疲《つか》れるような気がするのです。

ただ、いろいろと反省しても、その決定的な解決法というものにいまだ出合っていません。そこで、できるだけエネルギーが出ていかない方法と、心の針をいつも明るいほうに向けて、「そんな体の疲れではへこたれない」という気持ちを持てるような方法を教えていただけたら幸いです。

一九九〇年 第二回特別セミナー「瞑想法講義」──大海原の瞑想──
一九九〇年七月二十二日　大阪府《おおさかふ》・高槻市《たかつきし》市民会館にて

一日および一週間の「生活パターン」をどう組み立てるか

まあ、贅沢《ぜいたく》な悩《なや》みでしょうね。私も答えを聞かせてほしいぐらいです（笑）。私もわりあい疲れるものですから、答えを聞きたいぐらいなのですが、俗《ぞく》に、よく「雑踏《ざっとう》に出ると疲れる」という人はいます。「人混みのなかに入ると、ものすごく疲れる」という人はいます。これは、ある程度、「霊《れい》体質」だと思って間違《まちが》いありません。

雑踏に出ると元気が出る方もいらっしゃるのです。なかにはウキウキして元気が出る方もいらっしゃるのですが、これはちょっと違いましょう。その供給源のほうのなかにいる方でしょう。

私だって、雑踏に出たら疲れるほうですし、大勢の人と会っているとくたびれるほうであるのは一緒《いっしょ》で、それは霊体質なのだと思いますが、あなたもたぶん一緒だろうと思うのです。

そういう方の場合に、守らねばならないことは、「生活のリズム」です。このリズムを崩《くず》さないようにするということは、いちばん大事なことなのです。いろいろなことがあって、けっこう〝ブレる〟ことがあると思うので、この生活のリズムを崩さないということです。

自分なりのパターンをつくるのです。「生活のパターン」をつくっておきます。いろいろな人との関係があるでしょうけれども、この「基本パターン」があって、自分がいちばん調子がいいパターンはどういうパターンか、自分なりに組み立てるのです。そして、これは譲《ゆず》らないようにしていくことが大事だろうと思うのです。

ですから、日ごろのお付き合いはもちろんよくていいのだけれども、「譲れないところ」というのをきっちりとしておくのです。そして、あなたについて、「この人はこういうタイプの人なのだ」ということを周りの人に理解していただくことが大事だろうと思うのです。「こういうタイプの人間なのです」ということを理解していただくことが大事です。

人間は、相手がどう考えているのか分からないから、いろいろなことをするのだけれども、その人が、「私は、こういうふうに考えているのです。こういうふうにしたいのです」ということをルールではっきりしておくと、それなりの付き合い方をしてくれるのです。一定のルールを守って付き合ってくれるようになるのです。ですから、それが非常に助かることになるわけです。

そういう疲れやすいタイプの方は、いちばん大事なのは、やはり睡眠《すいみん》時間なのです。これはどうしても大事です。特に霊体質の方は、普通《ふつう》の方より睡眠時間が長く要《い》る傾向《けいこう》があります。同じような睡眠より、少し長いぐらいが通常なのです。これを無理して縮めますと、一時間、二時間の短縮でもそうとうこたえます。

ですから、普段、あなたが八時間睡眠を取っておられるのだったら、これが七時間とか六時間というように、一、二時間短くなりますと、昼ごろあたりから急にエネルギーがスーッと足りなくなってくるようになるのです。これは影響《えいきょう》がものすごく大きいのです。

それは、この世でご飯《はん》も食べているけれども、実際はあの世からのエネルギーでかなり生きている部分があるからです。その部分があるので、これを供給しないと駄目《だめ》なのです。ですから、そういうタイプの方は、夜は早くお休みになって、十分に休みを取られることです。

それと、土日のなかでも無理はしないで、やはり十分に体を休めることです。少なくとも一週間に一回ぐらいは体を休める日を、〝安息日《あんそくにち》〟をつくることです。

〝安息日《び》〟を取って、その日はあまり外出はしないで、家のなかで本を読むなり、音楽を聴《き》くなり、静かな日を週に一回ぐらい取っておくことです。あとは活動してもいいでしょう。

ですから、そういう疲れやすい方は、特に充電日《じゅうでんび》として一日ぐらい、人と接触《せっしょく》しない日をつくることが大事です。そして、あと六日ぐらいを頑張《がんば》るのです。また、「一日ぐらい、そういう日をつくる」、こういうかたちをつくって、自分のリズムをコントロールするということをやってください。これが大事なことで、疲れやすいのは一つの法則なのだから、これはやむをえないので受け入れて、自分でコントロールしていくことが大事です。

「人間関係の疲れ」をなくすには

あと、もう一つ言いますと、職場とかで日ごろよく会う人のなかで、そういうマイナス波動《はどう》を持っている人が具体的にいると、確かにこれはつらいです。悪霊《あくれい》を五人も連れているような人と、毎日机を並べて仕事をしていると、それはそれは大変だろうと思います。「相手も大変だけれども、あなたも大変」と、こういう状態が続くのです。

こういうときには、守護霊《しゅごれい》様に、「適当な環境《かんきょう》が現れますように」というふうにお祈《いの》りしておくのです。「適当な環境が、誰《だれ》も傷つくことなく、適当なる環境が与《あた》えられますように」というふうにお祈りしておきますと、あなたの場所が変わるか、向こうが違うところに行くか、そういうことが近いうちに起きるようになるのです。こういうことを祈る必要もあります。

あるいは、「友人」と称《しょう》する人のなかに、ものすごく厚かましいタイプの人がいて、「嫌《いや》がるのに、どんどんどんどん踏《ふ》み込《こ》んでくる。自分の世界に踏み込んでくる」と、こういうこともあるでしょう。それは弱気を見せるとそのなかに入ってくるタイプの方です。こういう、わりにエゴイズムタイプの方というのは、世の中にはいらっしゃるのです。

こういう人に対処するためには、やはり、一定の距離《きょり》がないと付き合っていけないことがあります。こういう人に対しては、限度を超《こ》えたときに、一度、心を鬼《おに》にしてピシッと門を閉めるのです。出すぎというか、あなたの世界に踏み込みすぎた場合に、「こういうことには、私は触《ふ》れていただきたくないのです」と、「こういうところまでは、あなたと深い付き合いをしているわけではないのです」ということを一度でいいのでかたちに表しておくと、相手はそのゾーンまで近づいてくると条件反射し始めて、「また何か言われるといけない」と思って退《しりぞ》くのです。

わりに厚かましい人ほど、そういう「他人《ひと》の気持ち」というのは気になるものですから、「ある程度以上、行くと危ない」と思ったら、ほかの人のところに行くようになるのです。こういうことがありますから、そういう人が身近にいてくたびれるようだったら、一度、心を鬼にしてピシッと言ったほうがいいです。

そういうときは、もう演技なのだから、演技だと思って、相手を憎《にく》む必要はないのです。演技なのです。演技だと思って、「ウンッ」（咳払《せきばら》い）と言って〝パシッ〟としておけば、「怖《こわ》いところのある人だな」と思ったら、引っ込みます。

ですから、霊的なものだけではなくて、この世の人間の「念」というか、「思い」というのもあるのです。人間というのは、「人に嫌《きら》われたくない」という共通念があるのです。善人であろうが悪人であろうが、「嫌われたくない」という気持ちがあるのです。それで世の中うまくいっているところがあるのです。ですから、そういう人に対しては、意思表示をしてしまうことも大事なことです。そういうこともあります。

このへんを知らないで、悪を増長させてはならないのです。こういうことで、人との付き合いも、ある程度、相手を見ながら、距離の取り方を十分にすることが大事です。

女性の予防的な「休みの取り方」、男性の助言《じょげん》による「休みの取らせ方」

それ以外は、あとは休息を十分に取ることです。特に女性の方は、やはり、男性よりも体力的には落ちますから、「疲れてから休息する」というよりも、「疲れる前にちょっと休みを取る。予防的に早めに、ぼちぼち危ないなと思い始めたら、その疲れる前にちょっと休息を取る」ということです。

例えば、「ご主人と今日は喧嘩《けんか》になりそうだな」と予感したら、「ちょっと昼寝《ひるね》をしておく」とか、こういう手があるわけです。「今日は喧嘩になる、嵐《あらし》になるな」と思ったら、昼寝をして体力を蓄《たくわ》えておくとか、そういう手があるわけです。

そして、体力があると、ちょっとしたことでもカッとならないで持ち堪《こた》えられたりするのですが、体力が弱っていると、持ち堪えられなくて感情的になって、すごい感じになってしまうのです。

ですから、女性の方の場合は、「予防的休養」「予習型の休養」というものが非常に大事ですから、「そろそろ疲れるな」と思ったら、ちょっと先に休みを取るようにしてください。

男性の場合は、どうしても〝行きすぎてから〟になります。どうしても行きすぎて、もうガタッといく前になってからになりますから、奥様《おくさま》であれば、そういうときに、ご主人にあらかじめ、「あなた、もうそろそろ休まなきゃ駄目ですよ」ということを教えてあげることです。

自分でそうしたくてもなかなかできないのが人間だし、特に男性はそうです。自分から「休む」ということを言うと、よっぽど仕事ができないか何かのように感じて嫌なものですから、そこに他人《ひと》の一言《ひとこと》が欲《ほ》しいのです。一言あると、「じゃあ、おまえが言うから休もうか」と、こうなるのです。これを期待しているわけですから、言ってあげることも大事です。

以上を参考にしてください。

第4章

真理を伝え、人々を救うために

1 「悪い波動《はどう》の人」を教化《きょうけ》していくには

Q1

私は、わりと悪い波動《はどう》の方によく悩《なや》まされたものですから、いろいろ考えて幸福の科学に入りました。強い自分をつくって、悪霊《あくれい》なり悪い波動の人なりを退《しりぞ》けるだけではなくて、そういう人を抱《かか》え込《こ》んで、今度は教化《きょうけ》していく、そういう自分、そういう器《うつわ》をつくっていくには、日ごろ、瞑想《めいそう》なり反省なり、そういう修法《しゅうほう》において、どのようなところに着眼点を置けばよろしいでしょうか。

一九九〇年 第二回特別セミナー「瞑想法講義」――大海原《おおうなばら》の瞑想――

一九九〇年七月二十二日　大阪府《おおさか》・高槻《たかつき》市市民会館にて

エネルギーの源泉となる三つのもの

はい。これはけっこう難しいのです。というか、永遠の課題に近いですし、当会の講師たちもまさしく同じ課題を抱えているわけで、程度の差こそあれ、極限はないのです。私もまったく同じです。

そういうマイナス波動を持っている人を教化して、よい波動に変えるためには、そうとうのエネルギーが要《い》ることは間違《まちが》いがないのです。弱いエネルギーの人がやると、反作用のほうが大きくなりますから、エネルギー量を増やしていくしかないのです。

エネルギー量の源泉になっているのは何かといいますと、三つございまして、「体力」と「知力」と「気力」なのです。この三つがエネルギーの源泉なのです。

体力的なものは、個人差もありますけれども、訓練によって変わる部分もあります。訓練によって体力をつけることはできます。これが一つです。

早く〝処方箋《しょほうせん》〟を出せるようになるには

それから、知力です。

知的なレベルが非常に高くなってきますと、要するに結論が早く見えるわけなのです。結論が早く見えて、勘所《かんどころ》が分かるので、相手と長々といろいろな葛藤《かっとう》をしなくても、早く〝処方箋《しょほうせん》〟が出せるのです。知的レベルが上がってくると、「どういうふうにしたら、この人は、こういうふうに変わる」「こうしたら、こう変わる」というのが早く分かるようになるのです。結論が見えやすいわけです。

外科《げか》のお医者さんでもそうでしょう。「うん。ここが悪い」と言って、パスッとそこにメスを入れて手術し、当たればいいのですが、「切ってみたが、ここじゃなかったわ」「ああ、ここでもなかった」とやられたのでは、たまったものではありません。

やはり、「ここだ」と言ってスパッといき、ズバリだったらうまくいくのであり、試行錯誤《しこうさくご》をあまりやられると大変で、危ないので、そういうお医者さんには、できたら辞めていただきたいですね。それが医者としての実力でありましょう。

それと同じように、人間 対 人間の関係でも、知的なレベルがある程度上がってきますと、ポイントがよく分かるのです。要するに、「全力を使わなくても、部分的な力で、そのポイントを攻《せ》めると、そこでその人が変わっていく」ということがあります。

その人が悪く見える、悪い波動を出している原因が幾《いく》つかあるわけで、そのなかで、いちばん原因になっている核《かく》のところはいったい何なのか、これを突《つ》き止めれば、あとの全人格を変える必要はないのであって、そのポイントのところを押《お》さえればいいのです。

ここを変えれば済むし、「ここを変えるためには、いったいどういう手段があるのか」を考えてみたら、「こういうかたちでするのがいちばん早いな」というのが分かるのです。こういうことを、わりに短時間でタッタッタッと判断できるようになりますと、かなり楽にできるようになるのです。

これのためには知力が必要で、知力のもととしては、もちろん、真理の書籍《しょせき》もありますけれども、それ以外の一般《いっぱん》教養を持っていることも大事ですし、仕事にかかわる人であれば、仕事に関する専門知識を持っていることも大事です。仕事の専門知識を持っている人から、いろいろなことを指摘《してき》されると、人はきくものですが、仕事ができない人から言われると、腹が立つわけです。こういうことがあるので、そうした知的な力が必要です。

気力を鍛《きた》えるためには、どうすればよいか

もう一つは気力です。

気力というものも、鍛《きた》えることによって強くなります。

「気力を鍛えるためには、どうすればよいか」ということですが、それは自分を「自分の能力以上だ」と思われる場に追い込んでみる訓練をすることなのです。

「現在の自分の能力では、これはきついかな」というぐらいの仕事なり役割なりを、あえて引き受ける努力をしているうちに、気力が強くなるのです。

私は、今日、こうやって二時間話していますが、本当は、実に楽にやらせていただいているのです。分かりましょうか。

けれども、「じゃあ、そこの方、上がってきて、やってください」と言ったら、言われた方は大変でしょう。おそらくそうだと思うのです。考えるだけで緊張《きんちょう》し、

汗《あせ》が流れます。

でも、実際に上がってやってみたら、意外にできることもあるのです。やってみれば、できることもあります。しかし、やろうとする前に、普通《ふつう》は、大変な〝すったもんだ〟をするわけなのです。そこで後退するようだと、気力がどうしても強くならないのです。

これから、幸福の科学の活動をやっているうちに、いろいろな役回りが来たりします。「あなた、こういう班長をやってください」「あなた、リーダーをやってくださ い」「ブロック長をやってください」「幸せチームの何かをやってくださ い」などと来るときがあるわけです。

自分では、「とてもそんな器ではない。そんなことはできない」と考え、「だから、私は謙虚《けんきょ》で立派な人間なのだ」と思う方もいるかもしれないけれども、そんな話が来たら、「ああ、無理かな」と思っても、「よし、ひとつやってみようか」

と思い、引き受けてみる。意外にできた。違うのがまた来た。「じゃあ、もう一つ、これもやってみようか」と思って、やってみたら意外にできた。こういうことで力がついてくることがあるのです。

ですから、気力を磨《みが》くためには、「自分には、今、困難かな」と思うことを、あえて引き受けてみる。「ノー」と言う前に「イエス」と言ってみる訓練をすることです。他人《ひと》から頼《たの》まれたら、まず、「まあ、やってみましょう」「考えてみましょう」と言い、常に前向きに接する訓練をしますと、やがて気力の充実《じゅうじつ》した仕事ができるようになります。

「体力」「知力」「気力」の三つを、心して、毎日毎日、磨いていくことです。少しずつ少しずつ磨いていけば、やがてエネルギーの総量が増えていきます。そうすると、いろいろな方を教化する力が出てくるようになります。

これには日々の鍛錬《たんれん》以外にありませんから、私も含《ふく》めて、みなさん、頑張《がんば》りましょう。

2　間違《まちが》った宗教を信仰《しんこう》している人への伝道方法

Q2

間違《まちが》った宗教を信じている方に真理を教えてあげるために、献本《けんぽん》などいろいろな方法があるとお教えいただいていますけれども、もし、その人が、自分からかなり距離《きょり》が離《はな》れていてなかなか会えない場合に、その人を気づかせるためには、どうしたらいいでしょうか。

木曜セミナー　第７回「霊道《れいどう》現象とは何か」
一九八八年十一月二十四日　東京都・幸福の科学研修ホール（西荻窪《にしおぎくぼ》）にて

自分と距離のある人へ真理を伝える簡単な方法とは

これは、どうしてもケース・バイ・ケースになってくると思うのです。

そこで、「距離がありすぎてできない」という場合ですが、いちばん簡単な方法は、「時機《じき》を待つ」ということです。これは時節《じせつ》を待たなければしかたがないのです。

そういう人、今見ていて、こんなものに関心も興味も全然なくて、本を渡《わた》しても、こんなのは捨てられてしまうか嘲笑《ちょうしょう》を受けるという人はいるのです。こういう人に真理の本を渡しても、それは無理です。笑い者にされるでしょう。ただ、その人にとっても、人生はいつも順風ばかりではないということです。順調なばかりの人生ではないのです。やはり、人生には必ず節目《ふしめ》があるのです。いいことばかりではないのです。苦しいことはあるのです。例えば、経済的苦境に陥《おちい》ること、病気になること、あるいは身内のなかに不幸が起きること。お子さんが亡《な》くなったり、奥《おく》さんが亡くなったり、いろいろなことがあります。

人間には、そういう時機が必ずどこかで用意されているのです。そういう時機を見ることです。時機を見て、そして、「今がそういう時機だな」と思えば、いろいろな話をしてあげることも大事ですし、今、その時機が来ていないなら、「彼がよくなるように」と思って、黙《だま》って見てあげていることも愛だと思います。

それは、そういう時機でなければ、これが受け入れられないからです。

私も、この時機が来なければ、もっと前の段階でこうしたものを読んでも一笑に付していたかも分からない。自分自身、そう思います。ただ、時機が来たから、自分の時機が来たから、やはり、こうしたものに関心があるのであって、その前だったら、たぶん持たなかったのではないかと思います。きっとそうだと思う。

人それぞれに気づきの時機はある。それが近いなと思う人には教えてあげたらいいけれども、まだまだ時機ではないと思う人に対しては、待ってあげることです。その時機を待ってあげることだと思います。

そして、今は、もっと必要としている方に教えてあげるほうがいいのです。もっと、それを必要としている方に教えてあげることです。

なぜ、真理の本を本屋に溢《あふ》れさせているのか

あとは、一般《いっぱん》的な、例えば、無神論者とか唯物論者《ゆいぶつろんしゃ》とか、こんな人はいくらでもいっぱいいます。こうした人たち全体を悟《さと》らせていく仕事は、それは、会としての大きな仕事だと、私自身思っています。幸福の科学の、会としての仕事です。

こんな「霊界《れいかい》など信じない」という人はいっぱいいるけれども、今、私の本は、月に二冊三冊と出ていて、月に三冊ペースぐらいで、今年二十九冊ぐらい出ますが（説法《せっぽう》当時）、書けましょうか。普通《ふつう》の速度で書けるはずがないのです。

これは、一つの証明をやっているのです。彼らは知識人であればあるほど、また、この速度で書けるはずがないことも分かるのです。

これは、いったい何であるか。

天上界《てんじょうかい》から啓示《けいじ》を受けていなければ、こんなものは実際に書けるはずがないのです。それを実証しているわけです。本で本屋を溢《あふ》れさせています。溢れさせるようにしています。

そして、いろいろな戦略を私なりに考えていますし、幸福の科学出版も、来年以降は本格始動します。今まで、まだちょっと体制固めをしていました。事務局のほうが固まっていないのでちょっと抑《おさ》えていたのですが（説法当時）、来年以降は本格始動します（注）。出版社としても、ちゃんとした体裁《ていさい》ができてきました。口座も開《ひら》けましたし、ちゃんと体制ができたので、本格始動でやります。キャンペーンを張って、気づく気づかないは各人の問題だけれども、やはり、機会だけは、きっかけだけは、多くの人に与《あた》えてあげたい。与えるのが仕事だと思っています。

そのように、会は会として大きくやっていきたいと思いますから、やはり、その一員でやってくれればいいし、個人のレベルでは、今言ったとおりです。時機を見てあげてください。時機を見て、必要な人に、まず優先を。そして、今その時機にない人には、「将来、機会があれば」と思ってください。だいたい、そういうことです。

（注）その後、幸福の科学出版刊行の大川隆法著作シリーズは、一九九一年から三十年連続で「年間ベストセラー」を続けており（トーハン・日販《にっぱん》調べ）、二〇一一年には書店売り著作発刊点数五十二冊でギネス世界記録に認定された。二〇一四年には年間百六十一冊を刊行。累計《るいけい》で二千九百五十冊以上となっている（二〇二二年三月現在）。

3　他宗から来た方が幸福の科学の信仰《しんこう》を深めるには

Q3

信仰《しんこう》について質問したいと思います。

過去、新興宗教に入って、それを信じ込《こ》んで、あるときにそれが誤った真実であったと分かったとき、幸福の科学の教えに出会っても百パーセント信じ切ることはたいへん難しいように感じます。

そういう者へのアドバイスを、個人的な面と一般《いっぱん》的な面からの二つ、お答えをお願いします。

一九九〇年 第一回大講演会「信仰と愛」
一九九〇年三月十一日　千葉県・幕張《まくはり》メッセにて

なぜ「間違《まちが》った教え」に自分がのめり込んでいったのか

まず、個人的な面からアドバイスしたいと思います。

それは、「裏切られた」という気持ちが強いのだろうと思うのです。一度、「裏切られた」という気持ち、百パーセント賭《か》けていたものが違《ちが》っていたというふうになりますと、百パーセントがゼロになるわけですから、この「裏切られた」という気持ちが強い。これは人間として当然の情であるかもしれません。

しかし、その前に、では、なぜ、その誤っているとされるものに自分がのめり込んでいったのかを、もう一度考える必要があると思うのです。そのときに自分は何に惹《ひ》かれていったのであるか。

惹かれたものが、要するに、自分のなかにあるわけなのです。自分のなかに、それに惹かれたものがあるわけです。それがいったい何なのか。

やはり、これは、単にそういう「間違った教え」のせいにだけしないで、自分自身を振《ふ》り返る手立てとして、反省のきっかけとして、つかまなければならないことがあるわけなのです。それをしっかりすれば、今度は本物もまたはっきり見えてくることがあります。

いちばん間違えやすいことは何であるかというと、そういう人は、結局、自分の後ろめたさ、あるいは罪の意識、こういうものを感じているのだけれども、それを正直にさらけ出して見ることができないので、何かそういう新興宗教のようなものに入ることによって、贖罪《しょくざい》、「罪が許される」という気持ちで入っていくということです。そういうタイプの方が多いのです。その罪の意識があるので、それが許されるだろうと思って吸い寄せられていく人が多いわけです。ですから、その人自身に、やはり問題があると言わざるをえないのです。

私どもの考え方から言いますと、そうした個人の間違った考えや間違った行為《こうい》、これを修正するのは、ほかならぬその人自身であるのです。その人自身が修正しなければ、誰《だれ》も修正はしてくれないのです。ましてや、十字架《じゅうじか》を持ったり、何かに名前を書いたり、祈《いの》ったりするだけでは、許されるものではないということです。

ですから、そこのところ、「自分が何かの許しを得ようとして入ったのではないか」という点は、よく知っておいてほしいのです。

「その宗教が正しいか、おかしいか」を見分けるチェックポイント

それと、一般的な見分け方ですが、今のことにも関係がありますけれども、「その木がよい木かどうかは果実を見れば分かる」というイエスのことわざがあります。過去二千年以上の歴史を見てきて、やはり、これがいちばんの見分け方であると思われるのです。

果実、すなわち「その教えを信奉《しんぽう》している人たちが、どういうふうになっていくか」を見れば、分かるということです。「その木が何の木であるか」は分かるということです。

その教えを学ぶことによって立派になっていく人が数多く出ているのであれば、それは本物です。しかし、それが、おかしくなっていく人がいっぱい出ていると見れば、「その木はおかしい」と判定したほうがよいでしょう。

では、それを「正しい」と見るか「おかしい」と見るか、自分が確認するにはどうしたらよいかという点が一つあるわけですが、これはもう裸《はだか》になって己《おのれ》自身の心と本当によく話をしてみることです。

各人の心のなかには潜在《せんざい》意識層の守護《しゅご》霊《れい》と通じる部分があるのです。虚栄心《きょえいしん》や利害、こういうものを全部取り去って、そして、静かに自分の心と対話する。反省のなかに対話して、判断して、そして、それが、他の人たちが素晴《すば》らしくなっていると見えるか見えないかを判定してください。

本当におかしくなっている人たちを素晴らしいと、あなたが見えるのであれば、あなたの行く世界は、もしそこに入らなくとも、彼らと同じ所にきっと行くことになりますから、それは、責任を逃《のが》れることはできません。

最後はその〝賭《か》け〟の部分がどうしてもありますから、深く自分自身の心と相談して、見極《みきわ》めをつけることが大事だと思います。

一般的に見たら、やはり明るさ、あるいは幸福そうな人が多いということは大事なことです。

それと、「逸脱《いつだつ》しない範囲《はんい》での、ある程度の緩《ゆる》やかな寛容《かんよう》さがある」ということ、「緩やかな寛容さがあって、そして、そのなかに、ある程度、常識的なものの考えをすることが許されていること」というあたりが、チェックポイントになると思います。

「一つの考え以外、絶対にさせない」というような考えだけであまり統一するところも、少し危ないところがあります。これも正しいことはあるけれども、間違った場合は危険がありますので、その団体のなかに、「緩やかな〝縛《しば》り〟」、すなわち「ある程度の寛容さ」があること、それから、「ある程度、常識が通用するようなものの見方ができる人がいる」ということ、このあたりが見分けるポイントになっていくでしょう。

4　「この世を生きる意味」を求める人を導くには

Q4

私は会員になって間もない、真理の勉強の途中《とちゅう》にある者です。先日、一《いっ》緒《しょ》に働いている方に真理を伝えたところ、「なぜ魂《たましい》を磨《みが》かなければいけないのか」と言うので、「幸福になるためですよ」と答えたら、それは分かってくれたのですが、「では、自分がこの世に生きている存在意味は何なのか」と質問され、これにはうまく答えることができませんでした。彼にうまく答えてあげたいのですが、どうすればよいでしょうか。

一九九〇年　第九回大講演会「大宇宙の悟《さと》り」

一九九〇年八月二十六日　千葉県・幕張《まくはり》メッセにて

抽象的《ちゅうしょう》な言い方で分からない場合は、どうすればよいか

百冊近い本が出ていますけれども（説法《せっぽう》当時。二〇二二年三月現在、二千九百五十書以上が発刊）、実際は全部「答え」で満ちているのです。全部答えで満ちていて、どの本にも答えが書いてあるというのが、正直なところです。

だから、地元のほうで講師の講習会とかがあるでしょうから、そういうときに、どうぞ連れてきて、一対一でやったほうがいいでしょう。抽象的《ちゅうしょう》に言っても、そういう頭の人は分からないので、具体的に言ってあげないといけないのです。

例えば、「あなたはこうでしょう？　こういうところで苦しんでいるでしょう？　これはこうなったらうれしいでしょう？　こうなったらうれしいということは、こういうところにこういうふうに書いてあるのですよ。この考え方を入れたら、あなた、考え方が変わるでしょう」と。すると、「なるほど」と分かるの

です。

そういう方は、具体的に指摘《してき》してあげないかぎり、永遠に分からないのです。残念だけれども、宇宙の起源から話しても分からないのです。だから、具体性が大事です。

あなたは、その人にそうした「人間が幸福に生きる意味」について教えたければ、抽象的な考え方をちょっとやめまして、その人をよく見て、「何がその人の悩《なや》みになっているのか。この部分がこうなったら、この人は変わっていく」というところを見るのです。

必ず人間には悩みはあるのです。誰《だれ》だって最低一つや二つはあるのです。その〝ピンの部分〟がいったい何かをよく見るのです。「これを抜《ぬ》けば、この人は変わる」というところがあるのです。ここのところが当会の教えのなかにいろいろなかたちで出ているから、それをあなたが発見してあげることが大事ですね。

意外に気がついていないのです。人間は自分のことが分からないのです。こういう考え方は当然だと思っているのだけれども、世の中、同じように考える人ばかりではないのです。違《ちが》った考え方をすると、まったく世界が変わることがいくらでもあります。

そこで一つには、今年（一九九〇年）の五月、広島で「人生の再建」という講演をし、一般《いっぱん》的な話をそうとうしてあるので、テープ（現在はＤＶＤ）がもうすぐ出るでしょうから、聴《き》かせてあげてくださいね（『大川隆法　初期重要講演集　ベストセレクション④』所収）。

もう一つは、先日、七月末、名古屋《なごや》で「永遠の今を生きる」という話をいたしました（『大川隆法　初期重要講演集　ベストセレクション⑤』所収）。これは時間論

『大川隆法　初期重要講演集　ベストセレクション④』（幸福の科学出版刊）

『大川隆法　初期重要講演集　ベストセレクション⑤』（幸福の科学出版刊）

ですけれども、「人生の目的と使命を知って生きるということが、どれほど得をするか」という話をしてあるので、ビジネスマンをやっているような人でも分かるような話をしましたので、これもまた教えてあげてください。

そんな人がいっぱいいるのです。いっぱいいるから、それぞれに合わせて、ちょっとずつ、ちょっとずつ、いろいろなことを言っているので、参考にしてください。

5 人をどのように教化《きょうけ》していけばよいか

Q5

人をどのように教化《きょうけ》していけばよいのかということについて質問させていただきます。「幸福の科学に入会して、『真理は素晴《すば》らしい。自分は菩《ぼ》薩《さつ》にもなりたい』と思っている。そして、『実践《じっせん》を伴《ともな》わないと菩薩になれない』ということも分かっている。『この救世運動に命を懸《か》けたい』とも、心底思う希望がある。しかし、実践は伴わない」というような方がおりまして、その方をどうにかお導きさせていただきたいと思っているのですが、こちらの心の持ち方のポイントというか、決め手というか、その点についてお訊《き》きしたいと思います。

一九九二年 五月研修「天使の使命」

一九九二年四月二十二日 東京都・幸福の科学総合本部（紀尾井町《きおいちょう》）にて

人を導ける自分となるために、日々、心掛《こころが》けるべき修行《しゅぎょう》とは

それは、「相手が見えるかどうか」がもうすべてです。相手が見えないのに、こちらが無理している場合がよくあるのです。見えないのに一生懸命《いっしょうけんめい》で、自分は熱心なのだけれども、押《お》し売りになっていることが多いのです。だから、〝押し売り〟になっていないかどうかの点検も必要ですね。

やはり、人にはそれぞれのスタートラインがあり、遅《おく》れている人もいるし、進んでいる人もいますから、「相手の現在の時点での心境、それから魂《たましい》の段階、学びの量、こういうものが、ある程度見えるかどうか」です。

特に、若くて伝道熱心な方ほど、そこで苦しまれると思います。それは、結論としては相手が悪いわけではなくて、自分が相手の心境が見えないところが悪いのです。

年配の方が圧倒《あっとう》的に有利なのはここです。相手が分かる。ある程度どういう筋《すじ》の方か、枝が曲がっているか曲がっていないか、幹が曲がっているか曲がっていないか、何度も病気に罹《かか》ったような葉っぱであるかどうかとか、こういうことが年配の方にはわりに一瞬《いっしゅん》で分かるのですが、若い方の場合には、それが分からないところが苦しみのもとになります。

しかし、それもまた、「伝道を通じて人生修行《しゅぎょう》をさせていただいている」ということです。完全に相手を救える自分ではないのです。自分もまた同時に救われているのです。相手に伝道しながら学ばせていただいている。そういう段階なのであり、やはり「分かる」ということがすべてです。

こちらが話をしたくても、語彙《ごい》、言葉がまったくない人には話ができません。私だって週刊誌のインタビューだったら、全然真理の話ができません。相手は頭のなかが〝空《から》っぽ〟なのです。まったく〝空っぽ〟です。霊視《れいし》をすると、何もないのです。もう、がらんどうみたいなのがバーンと空《あ》いている。これで天まで通じていたら大したものなのですけれども、円筒《えんとう》みたいなものがポコッと頭のなかに入っている。「これは何もないな」というのが視《み》たら分かるので、この世的な話をするしか、しょうがないのです。それでも、やらないよりはましなので。相手に少しなりとも何らかの印象を与《あた》えることだって仕事ですから。

まあ、相手がいろいろありますから、焦《あせ》ってもしかたがない。そういう人にいきなり、例えば、今日（法話《ほうわ》「天使の使命」のなかで）言った「十界互具《じっかいごぐ》」と言ったって、何のことやらさっぱり分からない。「何を言っているんだろうか」ということになるので、それはしかたがない。

そして、真理を学び始めても、ある程度分かるのに、普通《ふつう》はやはり三年ぐらいはかかるものです。最初、分かったような気になっても、たとえ仏法真理学《ぶっぽうしんりがく》検定試験で百点を取っても九十九点を取っても、例えばにわか仕込《じこ》みで二、三カ月やったら取れることもあるけれども、分かっているかといったら、本当は分かっていないのです。やはり三年ぐらいはやらないと、実際の意味では、本当は分かっていないと思います。それから先は、まだまだ長い道のりがあると思います。

そういうことですから、「相手が見えるかどうか」ということで、相手をどう見るか、要するに、相手の人物、心境、経歴、経験、性格がどこまで見えるかは、もうこれは日々の修行です。

剣道《けんどう》でも何でもそうです。道場で竹刀《しない》を持ったら、やはり剣先を合わせながら相手の太刀《たち》筋を見る。そして腕《うで》が立ってくると、竹刀の先がチョンチョンと一回か二回触《ふ》れるだけで、相手の実力がだいたい分かるのです。もう振《ふ》るまでもないのです。打ち込んでから分かるのでは、〝斬《き》られる〟のです。

剣先をピッピッと合わせ、相手の気合いや目つき、間合いの取り方などを見たら、負けるか勝つか、だいたい分かるのです。両方が分からない場合は力が伯仲《はくちゅう》している段階で、差がありますと、もう合わせるまでもなく、構えた段階で普通は分かるのです。

スポーツのレベルでもそうですから、まして、心の修行の段階では、黒帯、白帯、いろいろな段階があるから、もうこれを磨《みが》く以外にない。そのためには、いろいろな人と接して、ある程度、人のパターンをいろいろと勉強することです。それから、年配の方とよく付き合うことが大事です。よく付き合うと、ものの見方・考え方、人の見方を教えてくれるからです。

逆に年配の方は、若い人と付き合うと知的刺激《しげき》を受けるので、それが大事です。年配の方は、三十歳《さい》ぐらい下の人と付き合うことが大事なのです。よく一緒《いっしょ》に勉強会なんかをしようとしたら、三十歳ぐらい下の人と、なるべくやったほうがいいんですね。知的刺激があり、新しい時代感覚が分かる。若い人は、だいぶ上の人と一緒にやったほうが、人間の見方や世間《せけん》の見方がよく分かって、いいから、そういうところで内部的にもよく勉強することです。

まあ、これはしかたがない。今のたとえと一緒だから。「相手の腕が見えるかどうか」ということですから。あるいは自分が〝斬られる〟こともあるでしょう。

では、そのへんにしておきましょうか。

6　悪《あ》しき情報が氾濫《はんらん》する時代を美しく生き抜《ぬ》くには

Q6

「男女がいちばん美しく生きていたのは、ギリシャのヘルメスの時代」とお教えいただいています。

現在とは状況《じょうきょう》が違《ちが》うと思いますが、今の〝サタン的な情報〟が氾濫《はんらん》している時代のなかで美しく生きるとしたら、どのような理想を持ち、どのような生き方をしたらよいか、ご指導をお願いいたします。

年末特別セミナー「『永遠の仏陀《ぶっだ》』講義」
一九九一年十二月八日　東京都・中野《なかの》富士見町《ふじみちょう》オリンピックビルにて

「心の目で見た世界」から現代社会を見ると、どう見えるか

今、現代人は、現代社会を見て非常に進歩・発展したように思っているのだけれども、それは本当に「肉の目で見た世界」であって、「心の目で見た世界」から見るとどんな感じかというと、やはり、シロアリか何かが柱にグワーッと群がって柱を食べて崩《くず》しかかっているような、柱がポキッと折れていきそうな、そんなのに近いように、私の目には見えるのです。それをもって「発展」と呼んでいるように見えるのです。

「美しい時代」というのは、そういう、シロアリが集団で柱を食べているような、そんな情景ではなくて、やはり、大草原で動物たちが楽しそうに飛び回っている感じに近いようなイメージでしょうか。

そんなイメージにギリシャ時代がちょっと似ていたところがあったかなという

感じがあるのですが、現代ではみんな、そういうふうに、個性なくガサゴソガサゴソと動いているようにどうも見えます。

現代社会を透明感《とうめい》の深いものにするには、どうしたらいいか

それを透明感《とうめい》の深いものにするには、どうしたらいいか。二つの方法がありま す。

一つは、天変地異を起こして人口を減らしてしまう。もう一つは、正しい教えを学んで、お互《たが》いにこんなに密接した所に住んでいるけれども、お互いの領域を侵《おか》すことなく、美しい生活をするようにしていく。この二通りです。

天変地異が本格化して、あちらもこちらも、沈《しず》んだり、地震《じしん》が起きたりして、人が死んだりしていくとどうなるかというと、かなり農耕社会に引きずり戻《もど》される可能性が高いということだけは言えます。それはそれなりに、また出発点は出

発点ですから、それを否定するつもりはありませんが、現代社会のままで社会全体をよくしようと思うと、本当に人々の教育のところから変えていかなければいけないし、生活様式から何から、地獄《じごく》的な部分をそうとう排除《はいじょ》していかないかぎり駄目《だめ》です。

その意味では、現代に〝毒素〟をばら撒《ま》いているのは、やはり、マスコミの影《えい》響《きょう》もそうとう大きいし、マスコミを支えているのは、それがまた、その多数の〝シロアリ人間〟であることも確かです。その両方の影響なのですけれども、あまりよくない情報が乱れすぎて、目から入り耳から入りすぎているので、それが、そうとう心を蝕《むしば》んでいます。

素晴《すば》らしい世界にするために必要なこととは

本当に、神仏の教えをスーッとまともに透明感があるように受け止められるような人でいっぱいにしたら、素晴《すば》らしい世界になるのです。そこまで行くためには、やはり、宗教そのものが根源的なるものとしてずっと広がらないと駄目です。

その意味で、私たちの説いているものが「仏法《ぶっぽう》」でしょうけれども、この仏法というものが、やはり国法より上に立たないと駄目なのです。

国法、国の法律、憲法、あるいは、王様がつくった王様の法律だとか、世間《せけん》の掟《おきて》だとか、こんなものよりも、やはり、この「仏法」というのは、尊いもので、高いもので、時代を超越《ちょうえつ》して、国を超越しているものなのです。そういう「永遠の仏法」に基《もと》づいた国づくりを、社会づくりをしないかぎり、よくならないのです。

地上の法律というのは、やはり、せいぜい六次元ぐらいの法律学者ぐらいの頭でひねくってつくったものですから、それ以上のものは分からない。「愛の世界」や「慈悲《じひ》の世界」まではとても分からないのです。もっと尊い普遍《ふへん》の教えがあって、それに基づいた社会をつくるというところまで進まないかぎりは、そうはならないのです。

何が善で何が悪か、何が天国的で何が地獄的か、それさえも正確に明確に知りえない現状ですから、私たちの活動が、どれだけの速度で、どれだけ深いところまで、人々の心に入っていくか。これにかかっているのではないかなというふうに思っています。

それが成功しない場合には、人類にとっては反作用のようなことがだいぶ起きるかもしれないということです。そんなところです。

やはり、とにかく真理を浸透《しんとう》させる以外に方法はありません。真理の学習をすることがもう常識で、家庭でも勉強するし、学校でも勉強するし、社会に出てからも勉強するということで、もうスーッと入っていって、これが、やはり、本当にこの世の法律などよりもはるかに尊い法なのだということを知っていただく。それに基づいた社会をつくっていく。もうそれ以外にありません。

仏法を説いている団体や主宰者《しゅさいしゃ》が、そんな、ヌード写真を載《の》せる雑誌などに批判されて、それが支持されるようなことがもしあったら、地上はもう〝全滅《ぜんめつ》〟です。それは、国はもう陥没《かんぼつ》しなければいけないような運命です。そんなことであってはいけないので、今、まさしく、そういう大きな価値観の戦いが起きているのです。そういうことなのです。

どちらが神様のほうに近くて、どちらがサタンのほうに近いかぐらいは、もう分からなければいけない時期が来ているのです。そういう秩序《ちつじょ》づくりの時期が、今、来ているのです。

今世《こんぜ》、私たちが生きているときにそれができなかったら、これからあとは、長い長い戦いが続いていきます。何百年も何千年もかかって、弟子《でし》が何回も何回も「生まれては迫害《はくがい》され」ということの繰《く》り返しをやるしかないのです。まあ、それも〝楽しい〟でしょうから、否定しませんけれども。頑張《がんば》るしかありません。

あとがき

生まれつき霊体質の方や、仏法真理に触れて、霊体質になった方も多かろう。本巻の質疑応答がなされてから約三十年の間、当会では様々な病気が治ったり、各種の祈願や祈りが奇跡を起こす現象が相次いでいる。

ある意味で、私の霊能力も強大化しているし、組織としての幸福の科学も大きく強くなっている。

個人的に霊障問題に直面している方に言いたいことは、まず自分がエゴイストではないかどうかである。エゴイストでも能力と仕事が釣り合っていたり、良き調整役に恵まれたら、平穏《へいおん》に生きられることもある。しかし、ある時、壁にぶつかったり、知識不足、経験不足のことに打ちあたって悩乱《のうらん》することもある。そんな時、突然霊現象や霊障に悩むことになる。

まず心を鏡のように見つめ、生活をただすことである。そして毎朝、今日こそ幸福の種子《しゅし》を一つぶでもまこうと思うことである。

時には、少欲知足《しょうよくちそく》を思うことも大切だ。

人生は、この世的成功ばかりを求めると、苦しみに満ちているが、貴重《きちょう》な霊的体験を積むという面から眺《なが》めると、光満《み》てる世界でもあるのだ。

二〇二一年　九月二十八日

幸福《こうふく》の科学《かがく》グループ創始者兼総裁《そうししゃけんそうさい》　大川隆法《おおかわりゅうほう》

特別付録

＜正しい信仰《しんこう》生活への誘《いざな》い＞

幸福の科学の信仰対象
地球神エル・カンターレとは

幸福の科学の信仰《しんこう》の対象である、地球神エル・カンターレは、地球系霊団《れいだん》の最高大霊であり、「地球の光」を意味するご存在です。キリスト教の「天なる父」や、イスラム教の「アッラー」、仏教における「久遠実成《くおんじつじょう》の仏陀《ぶっだ》」、日本神道《しんとう》で言う、『古事記《こじき》』以前の創造神である「天御祖神《あめのみおやがみ》」等、各宗教で神の呼び名は異なります。しかし、実は、世界の諸宗教を指導しているのは同一の神です。その名は「地球神エル・カンターレ」。イエスやムハンマドを地上に派遣《はけん》し、導いてきた至高神です。

地球神
エル・カンターレ

地球の創世にかかわり、人類を導いてきた最高大霊《たいれい》。
またの名は、釈迦大如来《しゃかだいにょらい》。
仏教の開祖・釈尊《しゃくそん》の本体意識でもある。

【ユダヤ教】 【イスラム教】
【日本神道】 【キリスト教】
【仏教】

現代の救世主——
今、地上に下生《げしょう》されている地球神、
エル・カンターレ 大川隆法《おおかわりゅうほう》総裁

人類史上、どの時代にも、人々に「神の声」を伝える宗教家が存在し、数百年から数千年に1度は、「救世主」と呼ばれる偉大《いだい》な宗教家が生まれてきました。宗教や民族の違《ちが》いによる争いなど、人類が危機に瀕《ひん》する今、地球神であり、仏陀《ぶっだ》・釈尊《しゃくそん》の本体意識でもあるエル・カンターレが、1億5千万年ぶりに「最大の救世主」、大川隆法総裁として地上に下生《げしょう》されています。大川隆法総裁は、民族の違い、宗派《しゅうは》の違いを超《こ》えて諸宗教を統合する新たな教えを説かれています。

大川隆法総裁

その教えは、すでに160カ国以上に広がり、世界の人々を救済し、幸福な未来へと導いています。

幸福の科学の基本三部作

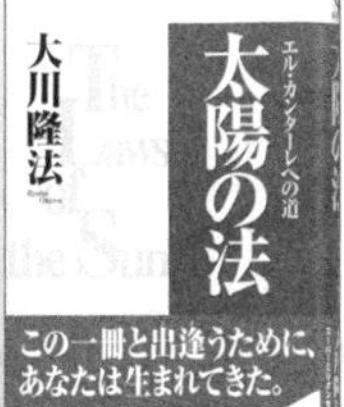

祈《いの》りによる信仰《しんこう》生活——
幸福の科学の根本経典《こんぽんきょうてん》
『仏説《ぶっせつ》・正心法語《しょうしんほうご》』

『仏説・正心法語』の功徳

幸福の科学の根本経典《こんぽんきょうてん》として『仏説《ぶっせつ》・正心法語《しょうしんほうご》』があります。この経典は、天上界《てんじょうかい》の釈尊《しゃくそん》の啓示《けいじ》によって書かれた7つの経文《きょうもん》が収められています。後世の弟子《でし》が編纂《へんさん》した伝統仏教の仏典《ぶってん》に比べ、1万倍以上の光の強さや功徳《くどく》があり、三帰誓願《さんきせいがん》した方に授与《じゅよ》されます。
“The True Words Spoken By Buddha《ザ トゥルー ワーズ スポークン バイ ブッダ》”は、主より直接英語で賜《たまわ》った「真理の言葉『正心法語』」の英語版です。大宇宙の創世記、霊界《れいかい》、転生輪廻《てんしょうりんね》、人間の存在意義、愛と慈悲《じひ》の違《ちが》い、人生の目的と使命などについて書かれています。

『仏説・正心法語』

“The True Words Spoken By Buddha”

入会者に授与される経文

『入会版「正心法語《しょうしんほうご》」』には、信仰《しんこう》生活の拠《よ》り所となる3つの経文《きょうもん》「真理の言葉『正心法語』」「主への祈《いの》り」「守護《しゅご》・指導霊《しどうれい》への祈り」が収められており、入会した方に授与《じゅよ》されます。

『入会版「正心法語」』

『正心法語《しょうしんほうご》』の奇跡《きせき》体験

幸福の科学では、『正心法語《しょうしんほうご》』の経文《きょうもん》を読むことによって、数々の奇跡《きせき》体験が起きています。その一部をご紹介《しょうかい》します。

『正心法語《しょうしんほうご》』の祈《いの》りで、心肺《しんぱい》停止の幼女が蘇生《そせい》

ウガンダのペリペリ村で、心肺《しんぱい》停止していた1歳《さい》の幼女が、父親の45分に及《およ》ぶ『正心法語《しょうしんほうご》』の祈《いの》りで蘇生《そせい》。父親は「主エル・カンターレへの信仰《しんこう》があれば、いかなる問題も解決します」と述べました。現地には、奇跡《きせき》を語り継《つ》ぐための「奇跡の記念碑《ひ》」（左写真）が建っています。

心筋梗塞《しんきんこうそく》で倒《たお》れた夫が無事生還《せいかん》！

ある日、出張中の夫が心筋梗塞《しんきんこうそく》で倒《たお》れ、搬送《はんそう》されたと連絡がありました。私は、病院へ向かうバスのなかで、『正心法語《しょうしんほうご》』を必死で唱《とな》えながら、主人の健康回復を祈《いの》りました。病院に着くと、心臓の異常が消えており、医師は「ありえない！」と当惑《とうわく》していました。主に心から感謝しています。（メキシコ・40代女性）

悪霊《あくれい》が剝《は》がれた『正心法語《しょうしんほうご》』の力！

以前の私は、アルコール依存症《いぞんしょう》で、頻繁《ひんぱん》に起きる金縛《かなしば》りや、殺される悪夢に苦しんでいました。『正心法語《しょうしんほうご》』を朝昼晩と読み続けると、3日目の朝に、重たかった肩《かた》や腰《こし》が一気に軽くなり、憑《つ》きものが取れた感じがしました。その日から金縛りや悪夢はなくなりました。

（愛知県・60代男性）

運命が変わる場所――
幸福の科学の支部

幸福の科学は1986年の立宗《りっしゅう》以来、「私、幸せです」と心から言える人を増やすために、世界各地で活動を続けています。
国内では、全国に400カ所以上の支部が展開し、信仰《しんこう》に出合って人生が好転する方が多く誕生しています。

運命が変わった！
～イイシラセ～

自律神経失調症が治った！

支部のみなさんの勧《すす》めで、研修や経文《きょうもん》『正心法語《しょうしんほうご》』の読誦《どくじゅ》を重ねたら、重度の自律神経失調症《しょう》がすっかり治ってしまいました！（静岡県・60代女性）

友人にも伝えたいです！

「信仰心《しんこうしん》によって免疫力《めんえきりょく》が強まり、ウィルスを撃退《げきたい》できる」と学び、非常に心強く感じました。同年代の友人にコロナ感染《かんせん》を怖《こわ》がっている人も多いので、安心していただくためにも、大川先生の教えを伝えたいです。（埼玉県・80代男性）

プラス思考になりリウマチが全快！

病《やまい》に悩《なや》んでいたとき、同僚《どうりょう》に伝道されました。自分を責める癖《くせ》を反省し、祈願《きがん》を受けたら、リウマチの症状《しょうじょう》が消え、数値も正常に！（石川県・50代女性）

心が和らぎ対人関係が改善！

私は厳しい性格で、職場で衝突《しょうとつ》しがちでしたが、支部長に相談して心の修行《しゅぎょう》をすると、裁《さば》き心が薄《うす》れ、人間関係が改善しました！（東京都・30代男性）

心を練る。叡智《えいち》を得る。美しい空間で生まれ変わる――

幸福の科学の精舎《しょうじゃ》

幸福の科学の精舎《しょうじゃ》は、信仰心《しんこうしん》を深め、悟《さと》りを向上させる聖なる空間です。全国各地の精舎では、人格向上のための研修や、仕事・家庭・健康などの問題を解決するための助力が得られる祈願《きがん》を開催《かいさい》しています。研修や祈願に参加することで、日常で見失いがちな、安らかで幸福な心を取り戻《もど》すことができます。

精舎で行われている祈願（以下は、一部）『元気百倍祈願』『悪霊封印秘鍵《あくりょうふういんひけん》』
「愛念供養《あいねんくよう》祈願」『中国発・新型コロナウィルス感染撃退《かんせんげきたい》祈願』など。

イイシラセ

先祖供養で ラップ現象が消えた！

夜、部屋にいると、急にラップ音が鳴り出し、現象は1カ月も続きました。音が鳴り出したころに、家族と縁《えん》のある知人が不幸な死に方をしていたことが分かり、精舎《しょうじゃ》でその方の先祖供養《くよう》を受けると、その日を境にラップ音が鳴らなくなりました。（20代女性）

重度の睡眠障害から 救われました！

仕事のストレスから重度の睡眠《すいみん》障害になり、薬も効かなくて悩《なや》んでいました。『新復活祈願《きがん》』を受けたところ、祈願の直後に、相談に乗ってくださる方や協力してくださる方が現れ、睡眠障害が段々と改善。ぐっすり眠《ねむ》れるようになりました。（20代女性）

【その他 全国の精舎】
●北海道正心館 ●東北・田沢湖正心館 ●秋田信仰館 ●仙台正心館 ●千葉正心館
●東京正心館 ●渋谷精舎 ●新宿精舎 ●箱根精舎 ●ユートピア活動推進館
●横浜正心館 ●新潟正心館 ●中部正心館 ●名古屋正心館 ●北陸正心館
●大阪正心館 ●琵琶湖正心館 ●聖地 エル・カンターレ生誕館
●聖地・四国正心館 ●中国正心館 ●福岡正心館 ●湯布院正心館 ●沖縄正心館

精舎の詳しい情報は、インターネットでご覧いただけます。 http://www.shoja-irh.jp/

霊的悩《れいてきなや》みを解決する救済力――
幸福の科学の経典《きょうてん》・楽曲《がっきょく》

大川隆法総裁は、先祖の霊《れい》、不成仏霊《ふじょうぶつ》、悪霊《あくれい》など、目に見えないものの存在を解明し、地上に生きる人の霊的悩《なや》みを解決するため、さまざまな経典《きょうてん》を発刊しています。また、作詞・作曲もされ、仏法真理《ぶっぽうしんり》を含《ふく》んだ楽曲は、コロナ検査で陽性だった人が陰性《いんせい》になったり、金縛《かなしば》りが解消したり、原因不明の難聴《なんちょう》が回復するなどの奇跡《きせき》も起きています。

霊的悩みを解決する経典の一部

霊的パワーを強めるCD・DVDの一部

入会のご案内――
あなたも祈《いの》りのある生活を始めませんか?

入会

幸福の科学に入会すると、『入会版「正心法語《しょうしんほうご》」』が授与《じゅよ》されます。

入会すると、今まで眠《ねむ》っていたあなたの「守護霊《しゅごれい》」が目覚めます。また、愛の心や感謝の心、反省の心が強まり、神仏に愛されるようになります。

三帰信者

幸福の科学の三帰《さんき》信者(仏・教え・僧団《そうだん》に帰依《きえ》した信者)になると、『祈願文《きがんもん》』をはじめ、4冊の祈《いの》りの経文《きょうもん》が授与《じゅよ》されます。

三帰信者になると、「信仰心《しんこうしん》で免疫《めんえき》が高まり、病気が治る」「仏の光を引いて悪霊《あくれい》を撃退《げきたい》できる」「インスピレーションを受けられ、アイデアに恵《めぐ》まれる」などの功徳《くどく》を得られます。

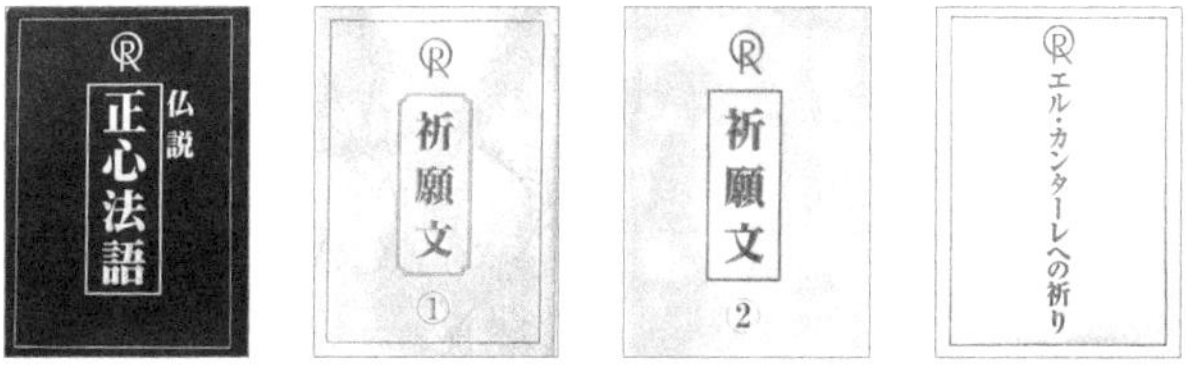

左から『仏説・正心法語』『祈願文①』『祈願文②』『エル・カンターレへの祈り』

お問い合わせ お近くの幸福の科学かサービスセンターへ

お近くの幸福の科学は
幸福の科学 アクセス 検索

幸福の科学 サービスセンター
TEL 03-5793-1727
【火~金】10時~20時 【土日祝】10時~18時(月曜を除く)

『エル・カンターレ 人生の疑問・悩みに答える 霊現象・霊障への対処法』関連書籍

『成功の法』（大川隆法 著 幸福の科学出版刊）
『常勝思考』（同右）
『信仰と情熱』（同右）
『大川隆法 初期重要講演集 ベストセレクション④――人生の再建――』（同右）
『大川隆法 初期重要講演集 ベストセレクション⑤――勝利の宣言――』（同右）

※左記は書店では取り扱っておりません。最寄りの精舎・支部・拠点までお問い合わせください。
『大川隆法霊言全集 第5巻 イエス・キリストの霊言』
（大川隆法 著 宗教法人幸福の科学刊）
『大川隆法霊言全集 第23巻 イエス・キリストの霊言②』（同右）

エル・カンターレ 人生《じんせい》の疑問《ぎもん》・悩《なや》みに答《こた》える
霊現象《れいげんしょう》・霊障《れいしょう》への対処法《たいしょほう》

2021年10月22日　初版第1刷
2022年4月4日　第3刷

著　者　大《おお》川《かわ》隆《りゅう》法《ほう》

発行所　幸福の科学出版株式会社
〒107-0052 東京都港区赤坂2丁目10番8号
TEL(03)5573-7700
https://www.irhpress.co.jp/

印刷・製本　株式会社 堀内印刷所

落丁・乱丁本はおとりかえいたします
©Ryuho Okawa 2021. Printed in Japan. 検印省略
ISBN978-4-8233-0309-8 C0014
カバー，帯 HomeArt / Shutterstock.com
装丁・イラスト・写真（上記・パブリックドメインを除く）© 幸福の科学

大川隆法ベストセラーズ・霊現象の真相に迫る

真実の霊能者

マスターの条件を考える

霊能力や宗教現象の「真贋《しんがん》」を見分ける基準はある──。唯物論や不可知論ではなく、「目に見えない世界の法則」を知ることで、真実の人生が始まる。

1,760円

ザ・ポゼッション

憑《ひょう》依《い》の真相

英語説法 英日対訳

悪霊が与える影響や、憑依からの脱出法、自分が幽霊になって迷わないために知っておくべきことなど、人生をもっと光に近づけるためのヒントがここに。

1,650円

恐怖体験リーディング 呪《のろ》い・罰《ばち》・変化身《へんげしん》の秘密を探る

呪われし血の歴史、真夏の心霊写真、妖怪の棲む家……。6つの不可思議な現象をスピリチュアル・リーディング! 恐怖体験の先に隠された「真実」に迫る。

1,540円

夢判断

悪夢や恐怖体験の真相を探る

幽霊との遭遇、過去世の記憶、金縛り、そして、予知夢が示すコロナ禍の近未来──。7人の実体験をスピリチュアルな視点から徹底解明した「霊的世界入門」。

1,650円

※表示価格は税込10%です。

大川隆法ベストセラーズ・悪霊から身を護る法

生霊論《いきりょうろん》

運命向上の智慧と秘術

人生に、直接的・間接的に影響を与える生霊──。「さまざまな生霊現象」「影響を受けない対策」「自分がならないための心構え」が分かる必読の一書。

1,760円

悪魔の嫌うこと

悪魔は現実に存在し、心の隙《すき》を狙ってくる！ 悪魔の嫌う3カ条、怨霊《おんりょう》の実態、悪魔の正体の見破り方など、目に見えない脅威から身を護るための「悟りの書」。

1,760円

真のエクソシスト

身体が重い、抑うつ、悪夢、金縛り、幻聴──。それは悪霊による「憑依」かもしれない。フィクションを超えた最先端のエクソシスト論を、ついに公開。

1,760円

「呪い返し」の戦い方

あなたの身を護る予防法と対処法

あなたの人生にも「呪い」は影響している──。リアルな実例を交えつつ、その発生原因から具体的な対策まで解き明かす。運勢を好転させる智慧がここに。

1,650円

幸福の科学出版

大川隆法ベストセラーズ・エル・カンターレ質疑応答集

「エル・カンターレ 人生の疑問・悩みに答える」シリーズ

幸福の科学の初期の講演会やセミナー、研修会等での質疑応答を書籍化。一人ひとりを救済する人生論や心の教えを、人生問題のテーマ別に取りまとめたＱＡシリーズ。

1

2

3

4

5

第１巻　人生をどう生きるか
第２巻　幸せな家庭をつくるために
第３巻　病気・健康問題へのヒント
第４巻　人間力を高める心の磨き方
第５巻　発展・繁栄を実現する指針

初期 質疑応答 シリーズ 第7弾!

7 地球・宇宙・霊界の真実

世界はどのように創られたのか？ 宇宙や時間の本質とは？ いまだ現代科学では解明できない「世界と宇宙の神秘」を明かす28のＱ＆Ａ。シリーズ最終巻！

各1,760円

※表示価格は税込10％です。

大川隆法ベストセラーズ・**初期講演集シリーズ**

「大川隆法　初期重要講演集 ベストセレクション」シリーズ

幸福の科学初期の情熱的な講演を取りまとめた初期講演集シリーズ。幸福の科学の目的と使命を世に問い、伝道の情熱や精神を体現した救世の獅《し》子《し》吼《く》がここに。

初期講演集シリーズ 第6弾！

6 悟りに到る道

全人類救済のために――。「悟りの時代」の到来を告げ、イエス・キリストや仏陀・釈尊を超える「救世の法」が説かれた、初期講演集シリーズ第6巻！

1 

2 

3 

4 

5 

第１巻　幸福の科学とは何か	第４巻　人生の再建
第２巻　人間完成への道	第５巻　勝利の宣言
第３巻　情熱からの出発	

各1,980円

幸福の科学出版

大川隆法シリーズ・最新刊

小説
妖怪すねかじりと受験家族へのレクイエム

親の期待や周りの愛情を裏切り続け、〝妖怪すねかじり〟はその本性を現す――。現代の受験社会の光と影や、揺れ動く家族の生き様を描く17の物語。

1,760円

ゼレンスキー大統領の苦悩と中国の野望

ポピュリズムが招いた戦争と国家の危機――。ウクライナ大統領の本心や中国・李克強首相守護霊の警鐘など、マスコミからは得られない衝撃の現実がここに。

1,540円

ウクライナ侵攻とプーチン大統領の本心

ロシアのウクライナ侵攻に正義はあるか？ 日本や欧米の報道では分からない問題の核心をプーチン大統領の守護霊が語る。〈特別収録〉イワン雷帝の霊言

1,540円

石原慎太郎の霊言

あの世から日本の国防に物申す

あの世に還っても慎太郎節は健在!! 作家・政治家・保守派言論人として強烈な存在感を放った元・東京都知事が語る、「あの世の実在」と「国防」の大切さ。

1,540円

※表示価格は税込10%です。

大川隆法「法シリーズ」・最新刊

法シリーズ
第28巻

メシアの法

「愛」に始まり「愛」に終わる

詳細は
コチラ

「この世界の始まりから終わりまで、あなた方と共にいる存在、それがエル・カンターレ」──。現代のメシアが示す、本当の「善悪の価値観」と「真実の愛」。

第１章　エローヒムの本心
── 善悪を分かつ地球神の教え

第２章　今、メシアが語るべきこと、なすべきこと
── 人類史の転換点にある地球への指針

第３章　メシアの教え
──「神の言葉」による価値観を変える戦い

第４章　地球の心
── 人類に霊的覚醒をもたらす「シャンバラ」

第５章　メシアの愛
── 魂の修行場「地球」における愛のあり方

2,200円

幸福の科学の中心的な教え──「法シリーズ」

大川隆法著作 31年連続ベストセラー　　好評発売中！

幸福の科学出版

幸福の科学グループのご案内

宗教、教育、政治、出版などの活動を通じて、地球的ユートピアの実現を目指しています。

幸福の科学

一九八六年に立宗。信仰の対象は、地球系霊団の最高大霊、主エル・カンターレ。世界百六十カ国以上の国々に信者を持ち、全人類救済という尊い使命のもと、信者は、「愛」と「悟り」と「ユートピア建設」の教えの実践、伝道に励んでいます。

（二〇二二年三月現在）

愛

幸福の科学の「愛」とは、与える愛です。これは、仏教の慈悲《じひ》や布施《ふせ》の精神と同じことです。信者は、仏法真理をお伝えすることを通して、多くの方に幸福な人生を送っていただくための活動に励んでいます。

悟り

「悟り」とは、自らが仏の子であることを知るということです。教学《きょうがく》や精神統一によって心を磨き、智慧《ちえ》を得て悩みを解決すると共に、天使・菩薩《ぼさつ》の境地を目指し、より多くの人を救える力を身につけていきます。

ユートピア建設

私たち人間は、地上に理想世界を建設するという尊い使命を持って生まれてきています。社会の悪を押しとどめ、善を推し進めるために、信者はさまざまな活動に積極的に参加しています。

国内外の世界で貧困や災害、心の病で苦しんでいる人々に対しては、現地メンバーや支援団体と連携して、物心両面にわたり、あらゆる手段で手を差し伸べています。

年間約２万人の自殺者を減らすため、全国各地で街頭キャンペーンを展開しています。

公式サイト **www.withyou-hs.net**

自殺防止相談窓口
受付時間　火～土:10～18時（祝日を含む）

TEL **03-5573-7707** メール **withyou-hs@happy-science.org**

ヘレン・ケラーを理想として活動する、ハンディキャップを持つ方とボランティアの会です。視聴覚障害者、肢体不自由な方々に仏法真理を学んでいただくための、さまざまなサポートをしています。

公式サイト **www.helen-hs.net**

入会のご案内

幸福の科学では、大川隆法総裁が説く仏法真理《ぶっぽうしんり》をもとに、「どうすれば幸福になれるのか、また、他の人を幸福にできるのか」を学び、実践しています。

入会

仏法真理を学んでみたい方へ

大川隆法総裁の教えを信じ、学ぼうとする方なら、どなたでも入会できます。入会された方には、『入会版「正心法語《しょうしんほうご》」』が授与されます。
入会ご希望の方はネットからも入会申し込みができます。
happy-science.jp/joinus

三帰《さんき》誓願《せいがん》

信仰をさらに深めたい方へ

仏弟子としてさらに信仰を深めたい方は、仏《ぶっ》・法《ぽう》・僧《そう》の三宝《さんぽう》への帰依を誓う「三帰誓願式」を受けることができます。三帰誓願者には、『仏説・正心法語』『祈願文《きがんもん》①』『祈願文②』『エル・カンターレへの祈り』が授与されます。

幸福の科学 サービスセンター
TEL 03-5793-1727
（受付時間／火～金:10～20時　土・日祝:10～18時（月曜を除く））

幸福の科学 公式サイト
happy-science.jp

ハッピー・サイエンス・ユニバーシティ

Happy Science University

ハッピー・サイエンス・ユニバーシティとは

ハッピー・サイエンス・ユニバーシティ（HSU）は、大川隆法総裁が設立された
「現代の松下村塾」であり、「日本発の本格私学」です。
建学の精神として「幸福の探究と新文明の創造」を掲げ、
チャレンジ精神にあふれ、新時代を切り拓く人材の輩出を目指します。

人間幸福学部　経営成功学部　未来産業学部

HSU長生キャンパス TEL **0475-32-7770**

〒299-4325　千葉県長生郡長生村一松丙 4427-1

未来創造学部

HSU未来創造・東京キャンパス

TEL **03-3699-7707**

〒136-0076　東京都江東区南砂2-6-5　公式サイト **happy-science.university**

学校法人 幸福の科学学園

学校法人 幸福の科学学園は、幸福の科学の教育理念のもとにつくられた教育機関です。人間にとって最も大切な宗教教育の導入を通じて精神性を高めながら、ユートピア建設に貢献する人材輩出を目指しています。

幸福の科学学園

中学校・高等学校（那須本校）

2010年4月開校・栃木県那須郡（男女共学・全寮制）

TEL **0287-75-7777** 公式サイト **happy-science.ac.jp**

関西中学校・高等学校（関西校）

2013年4月開校・滋賀県大津市（男女共学・寮及び通学）

TEL **077-573-7774** 公式サイト **kansai.happy-science.ac.jp**

仏法真理塾「サクセスNo.1」

全国に本校・拠点・支部校を展開する、幸福の科学による信仰教育の機関です。小学生・中学生・高校生を対象に、信仰教育・徳育にウエイトを置きつつ、将来、社会人として活躍するための学力養成にも力を注いでいます。

TEL 03-5750-0751（東京本校）

エンゼルプランV

東京本校を中心に、全国に支部教室を展開。信仰をもとに幼児の心を豊かに育む情操教育を行い、子どもの個性を伸ばして天使に育てます。

TEL 03-5750-0757（東京本校）

エンゼル精舎

乳幼児が対象の、託児型の宗教教育施設。エル・カンターレ信仰をもとに、「皆、光の子だと信じられる子」を育みます。
（※参拝施設ではありません）

不登校児支援スクール「ネバー・マインド」

TEL 03-5750-1741

心の面からのアプローチを重視して、不登校の子供たちを支援しています。

ユー・アー・エンゼル！（あなたは天使！）運動

障害児の不安や悩みに取り組み、ご両親を励まし、勇気づける、障害児支援のボランティア運動を展開しています。

一般社団法人 ユー・アー・エンゼル

TEL 03-6426-7797

NPO活動支援

学校からのいじめ追放を目指し、さまざまな社会提言をしています。また、各地でのシンポジウムや学校への啓発ポスター掲示等に取り組む一般財団法人「いじめから子供を守ろうネットワーク」を支援しています。

いじめから子供を守ろうネットワーク

公式サイト mamoro.org　ブログ blog.mamoro.org

相談窓口 TEL.03-5544-8989

幸福の科学

百歳まで生きる会～いくつになっても生涯現役～

「百歳まで生きる会」は、生涯現役人生を掲げ、友達づくり、生きがいづくりを通じ、一人ひとりの幸福と、世界のユートピア化のために、全国各地で友達の輪を広げ、地域や社会に幸福を広げていく活動を続けているシニア層（55歳以上）の集まりです。

【サービスセンター】TEL 03-5793-1727

シニア・プラン21

「生涯現役人生」を目指すための「百歳まで生きる会」の養成部門として、活動しています。心を見つめ、新しき人生の再出発、社会貢献を目指しています。

【サービスセンター】TEL 03-5793-1727

幸福実現党

幸福実現党 釈量子サイト
shaku-ryoko.net
Twitter **釈量子@shakuryoko**で検索

内憂外患《ないゆうがいかん》の国難に立ち向かうべく、2009年5月に幸福実現党を立党しました。創立者である大川隆法党総裁の精神的指導のもと、宗教だけでは解決できない問題に取り組み、幸福を具体化するための力になっています。

幸福実現党 党員募集中

あなたも幸福を実現する政治に参画しませんか。

＊申込書は、下記、幸福実現党公式サイトでダウンロードできます。
住所：〒107-0052 東京都港区赤坂2-10-8 6階 幸福実現党本部
TEL **03-6441-0754** FAX **03-6441-0764**
公式サイト **hr-party.jp**

HS政経塾

大川隆法総裁によって創設された、「未来の日本を背負う、政界・財界で活躍するエリート養成のための社会人教育機関」です。既成の学問を超えた仏法真理を学ぶ「人生の大学院」として、理想国家建設に貢献する人材を輩出するために、2010年に開塾しました。現在、多数の市議会議員が全国各地で活躍しています。

TEL **03-6277-6029**
公式サイト **hs-seikei.happy-science.jp**

出版 メディア 芸能文化　幸福の科学グループ

幸福の科学出版

大川隆法総裁の仏法真理の書を中心に、ビジネス、自己啓発、小説など、さまざまなジャンルの書籍・雑誌を出版しています。他にも、映画事業、文学・学術発展のための振興事業、テレビ・ラジオ番組の提供など、幸福の科学文化を広げる事業を行っています。

アー・ユー・ハッピー？
are-you-happy.com

ザ・リバティ
the-liberty.com

幸福の科学出版
TEL **03-5573-7700**
公式サイト **irhpress.co.jp**

THE FACT

ザ・ファクト
マスコミが報道しない
「事実」を世界に伝える
ネット・オピニオン番組

ザ・ファクト　検索

NEW STAR PRODUCTION

ニュースター・プロダクション

「新時代の美」を創造する芸能プロダクションです。多くの方々に良き感化を与えられるような魅力あふれるタレントを世に送り出すべく、日々、活動しています。 公式サイト **newstarpro.co.jp**

ARI Production

ARI《アリ》 Production《プロダクション》

タレント一人ひとりの個性や魅力を引き出し、「新時代を創造するエンターテインメント」をコンセプトに、世の中に精神的価値のある作品を提供していく芸能プロダクションです。 公式サイト **aripro.co.jp**

大川隆法　講演会のご案内

大川隆法総裁の講演会が全国各地で開催されています。講演のなかでは、毎回、「世界教師」としての立場から、幸福な人生を生きるための心の教えをはじめ、世界各地で起きている宗教対立、紛争、国際政治や経済といった時事問題に対する指針など、日本と世界がさらなる繁栄の未来を実現するための道筋が示されています。

021 年 12 月 14 日 さいたまスーパーアリーナ
地球を包む愛」

2019年7月5日 福岡国際センター
「人生に自信を持て」

2019年10月6日 ザ ウェスティン ハーバーキャッスル トロント(カナダ)
「The Reason We Are Here」

2011 年3月6日 カラチャクラ広場(インド)
「The Real Buddha and New Hope」

2019 年3月3日 グランド ハイアット 台北(台湾)
「愛は憎しみを超えて」

講演会には、どなたでもご参加いただけます。
最新の講演会の開催情報はこちらへ。 ⟹ 大川隆法総裁公式サイト https://ryuho-okawa.org